[1] Marktplatz

Der Spaziergang durch die Stadt beginnt am nur 60 x 60 Meter großen Marktplatz, der in seiner ersten Anlage aus dem 14. Jahrhundert stammt. Der einstige Turnierplatz erhielt seine heutige Gestalt im 16. Jahrhundert, als Herzog Johann Friedrich der Großmütige Weimar zu seiner Residenz erkor. Prächtige Renaissancebauten umstanden ihn, von denen heute nur noch Reste im Original zu bewundern sind. Im Zweiten Weltkrieg fiel ein Großteil der Bebauung den Bomben zum Opfer. Lange Zeit war die gesamte Nordseite eine leere Grünfläche, bis 1988 mit dem Wiederaufbau begonnen wurde. Nach dem Vorbild der originalen Fassaden entstanden vier Häuser, denen man heute nicht mehr ansieht, dass sie Rekonstruktionen des 20. Jahrhunderts sind. Besonders die historische Hofapotheke (Markt 4), von der gern behauptet wird, sie sei die älteste in Thüringen, besticht mit ihrem 1945 aus den Trümmern geborgenen Renaissance-Erker und dem Portal. Vor ihr steht Weimars ältester Brunnen, der Neptunbrunnen. Bereits 1540 wurde er als Ziehbrunnen genutzt. Einst schmückte ihn das Wappen der Stadt, ein steinerner Löwe, seit 1774 jedoch die von Hofbildhauer Martin Gottlieb Klauer geschaffene Neptunfigur.

Weimar im Zweiten Weltkrieg

Weimar wurde ab 1944 von den United States Army Air Forces bombardiert. Die ersten großen Angriffe galten der Rüstungsindustrie (Gustloff-Werk, Fritz-Sauckel-Werk). Weitere Angriffe am 9. und 27. Februar sowie am 10. März 1945 zogen die Stadt schwer in Mitleidenschaft. Insgesamt starben mehr als 1850 Menschen, darunter viele KZ-Häftlinge, weil ihnen in der Stadt jeder Schutz verwehrt worden war. Große Teile der Altstadt lagen in Schutt und Asche, darunter bedeutende Kulturstätten.

Rathaus mit Neptunbrunnen

[2] Rathaus

***Glockenspiel** tgl. 10, 12, 15 und 17 Uhr*

Im »Goldenen Zeitalter« Weimars, der Goethe-Zeit, stand an der Stelle des heutigen Rathauses ein Renaissancebau von 1583. Der brannte allerdings 1837 ab, einzig das Stadtwappen und zwei steinerne Portale konnten geborgen werden. Vier Jahre später war der neogotische Bau mit dem charakteristischen Balkonvorbau nach Plänen von Heinrich Heß fertiggestellt. Im Vestibül findet man die Skulptur »Frühlingsgöttin« von Hofbildhauer Martin Gottlieb Klauer, der zudem an der Fürstlichen freien Zeichenschule lehrte und die Neptunfigur auf dem Markt sowie den Schlangenstein im Park an der Ilm fertigte. Seit 1987 erklingt täglich (außer in den Wintermonaten) mehrmals ein Glockenspiel. Insgesamt 14 Melodien können die 35 Glocken aus Meissener Porzellan spielen, darunter die populärste Vertonung von Goethes »Sah ein Knab ein Röslein stehn« aus der Feder von Heinrich Werner. Zwölf der Glocken wurden 1929 von dem berühmten Porzellankünstler Emil Paul Börner hergestellt. Ein unterirdischer Gang führt vom Rathaus zum gegenüberliegenden Stadthaus. Gegenwärtig steht das Rathaus leer, wird höchstens als Kulisse für den »Tatort« genutzt und harrt seiner dringend notwendigen Sanierung.

[3] Stadthaus

Tourist-Information *Apr.–Dez.: Mo–Sa 9.30–18 Uhr, So 9.30–14 Uhr; Jan.–März: Mo–Fr 9.30–17 Uhr, Sa/So 9.30–14 Uhr*

Ein zweigeschossiger Bau aus der Mitte des 16. Jahrhunderts diente der Stadt als Tuchhaus. Bis 1778 war hier die Kasse der Landstände untergebracht, weshalb sich die Bezeichnung »alte Caße« eingebürgert hatte. Außerdem befanden sich hier der Ratskeller und die Garküche, auf dem Dachboden wurde Getreide gelagert. Nach der Umwandlung in ein repräsentatives Stadthaus fand zu Weihnachten 1800 die feierliche Einweihung mit einem Kostümball statt. Nun fanden im Saal hinter dem eindrucksvollen Staffelgiebel Clubabende, Redouten und kleine Theateraufführungen statt. Franz Liszt und Hector Berlioz gaben Konzerte, und Hoffmann von Fallersleben hielt Vorträge. 1945 zerstörten Bomben das gesamte Gebäude bis auf kleine Reste der Umfassungsmauern. Erst 1970 begann man mit dem Wiederaufbau. Kunsthistorisch bedeutsam und schön anzusehen ist der Staffelgiebel mit seinem geschlossenen Maßwerk. Aus filigran gearbeitetem grünem Stein wurden hier geometrische Muster vor das helle Mauerwerk gesetzt.

Weimars größtes Volksfest ist der alljährlich stattfindende ***Zwiebelmarkt.*** *Bereits 1653 soll der »Viehe und Zippelmarckt« zum ersten Mal stattgefunden haben. Zu Goethes Zeiten erstreckten sich von seinem Haus auf dem Frauenplan bis zum Markt hin Stände mit geflochtenen Zwiebelrispen, die Zwiebelzöpfe genannt werden. Am zweiten Oktoberwochenende jedes Jahres dreht sich alles um die Zwiebel, Korbflechter, Töpfer und Weber bieten ihre Ware an, eine Zwiebelkönigin wird gekrönt, Gaukler und Jongleure zeigen ihre Künste. Und über allem schwebt der Duft der unvermeidlichen Thüringer Rostbratwürste.*

[4] Cranach-Haus

Lucas Cranach d.Ä. 1472–1553, Maler, Grafiker und Buchdrucker der Renaissance. Im fränkischen Kronach geboren, ging Cranach nach einer künstlerischen Ausbildung auf Wanderschaft, bis er 1505 als Hofmaler an den Hof Friedrichs des Weisen nach Wittenberg berufen wurde. Dort ist er auch als Apotheker, Buchdrucker und Verleger nachgewiesen. Cranach zählt zu den bedeutendsten bildenden Künstlern des 16. Jahrhunderts. Als protestantischer Bilderfabrikant und Illustrator der Lutherschen Bibelübersetzung hatte er größten Einfluss auf die Verbreitung der Reformation. Angenommen wird heute ein Werk von über 5000 Arbeiten.

Theater im Gewölbe *www.theater-im-gewoelbe.de*

Die Ostseite des Marktes ziert ein auffällig geschmücktes Doppelhaus mit vielerlei Rundbogenornamenten, Muschelnischen und Säulen. Der weimarische Landbaumeister Nicolaus Gromann errichtete es 1549 für den Kanzler Christian Brück. Brück war der Schwiegersohn von Lucas Cranach d.Ä., der 1552 hier seine letzte Wohnstätte fand und im Jahr darauf starb. 1732 gründete sich im Erdgeschoss die damals einzige Buchhandlung Weimars. Ihr späterer Inhaber, Johann Wilhelm Hoffmann, machte die Buchhandlung ab 1802 zu einem der geistigen Treffpunkte Weimars. Das Cranach-Haus ist im Inneren nicht zu besichtigen, aber im Kreuzgewölbe kann man im »Theater im Gewölbe« Aufführungen kleiner Stücke von und um Goethe erleben.

[5] Hotel Elephant

Restaurant »Anna Amalia« *Mi–Sa 18.30–22.30 Uhr*

1696 vom fürstlichen Mundschenk Barritig als Wirtshaus eröffnet, zählte der Gasthof »Zum Elephanten« im 18. und 19. Jahrhundert zu den bekanntesten Lokalitäten der Stadt. Wer Goethe oder Schiller kennenlernen wollte, stieg hier ab. 1937 riss man den bescheidenen zweistöckigen Hotelbau wegen angeblicher Baufälligkeit ab. Unter Federführung Hermann Gieslers, des Gauforum-Architekten (siehe Nr. 20), entstand bis 1938 ein strenger nüchterner Hotelbau, um ein Stockwerk erhöht, um einige Nachbargrundstücke erweitert und mit Parkgarage und modernstem Autolift ausgestattet. Über der Eingangstür ließ Giesler den »Führerbalkon«, gerahmt von Fahnenmasten und Reichsadler, errichten. Hitler, der den »Elephanten« gern als Unterkunft in Weimar nutzte, erhielt eine Suite mit Aussicht auf die stille Gartenseite. Zur gleichen Zeit machte Thomas Mann im amerikanischen Exil den »Elephanten« zum Schauplatz seines Goethe-Romans »Lotte in Weimar«. Nach dem Krieg residierten Angehörige der amerikanischen, dann der sowjetischen Besatzungsmacht, später Studenten des Instituts für Lehrerbildung sowie eine Außenstelle des Berliner Rundfunks in dem Haus. Erst 1955 wurde der »Elephant« wieder zum Hotel umgebaut. Als erster prominenter Gast nach der Wiedereröffnung trug sich Thomas Mann ins Gästebuch ein. Im Oktober 1974 musste der Hotelbetrieb für drei Tage ausgesetzt werden: Unter der Regie von Egon Günther wurden hier einige Szenen für den legendären DEFA-Spielfilm »Lotte in Weimar« mit Lilli Palmer in der Hauptrolle gedreht.

Den Roman ***»Lotte in Weimar«*** *schrieb Thomas Mann 1939 in ironischer Selbstanalyse. Die um 44 Jahre gealterte Charlotte Buff aus Wetzlar, das reale Vorbild für Goethes Lotte in »Die Leiden des jungen Werthers«, reist nach Weimar. Vordergründig will sie ihre Schwester besuchen, hofft aber insgeheim, den berühmten Goethe zu treffen. Im Gegensatz zur Weimarer Bevölkerung, die sie enthusiastisch feiert, reagiert dieser aber unwirsch. Verschiedene historische Gestalten des klassischen Weimars besuchen sie im Hotel »Elephant«. Dramaturgischer Höhepunkt ist die meisterhafte Schilderung eines der legendären Essen beim Geheimrat.*

[6] Frauenplan

***Gasthaus »Zum weißen Schwan«** Di–Sa 12–22 Uhr*

Die Frauentorstraße und der Frauenplan erhielten ihre Namen von einem der Türme des Frauentores, das nach Süden aus der Stadt führte, dem Marienturm, in dem sich ein steinernes Marienbild befunden haben soll – andere Quellen sprechen von einer Marienkapelle, die im 14. Jahrhundert noch dort gestanden haben soll. Einst war der Frauenplan viel kleiner, denn an der Stelle der heutigen Pergola stand das Kaufhaus Laemmerhirt, das 1945 ausbrannte und dessen Ruinen 1961 abgetragen wurden. Heute ist der Frauenplan ein bei Touristen beliebter, weitläufiger Platz mit Bänken, dem 1822 von Clemens Wenzeslaus Coudray entworfenen Goethe-Brunnen (in dem seit 25 Jahren die Abiturjahrgänge des Goethe-Gymnasiums in einer wilden Aktion »getauft« werden) und dem Kinderspielplatz mit der Skulptur »Versunkener Riese«, 1992 geschaffen von dem Bildhauer Walter Sachs. In der Frauentorstraße 21, direkt neben dem Gasthaus »Zum Weißen Schwan«, bezog Friedrich Schiller 1787 seine erste Weimarer Wohnung. Nur wenige Schritte entfernt, in der Brauhausgasse 13, lebte von 1823 bis 1831 Goethes enger Vertrauter, Johann Peter Eckermann.

***Johann Peter Eckermann** 1792–1854, Schriftsteller und Vertrauter Goethes. Der junge Eckermann wuchs als Sohn eines Hausierers in erbärmlichen Verhältnissen auf. Dennoch fiel seine Intelligenz auf, und mit Förderung konnte er in Göttingen studieren. Stets ein großer Goethe-Verehrer, suchte er dessen Nähe in Weimar. Nach und nach wurde er für Goethe unentbehrlich als Sekretär, Editor und Organisator. Testamentarisch zum Hauptherausgeber des Goetheschen literarischen Nachlasses ernannt, veröffentlichte Eckermann allein 15 Bände nach Goethes Tod. Unsterblich machten ihn seine »Gespräche mit Goethe in seinen letzten Jahren«. Seine eigenen poetischen Werke sind heute vergessen.*

[7] Goethe-Nationalmuseum mit Goethes Wohnhaus

Apr.–Okt.: Di–So 9.30–18 Uhr;
Nov.–März: Di–So 9.30–16 Uhr

Bereits zu Lebzeiten war Goethes Wohnhaus, das Heiligtum Weimars, eine Pilgerstätte für Verehrer aus ganz Europa. Der Strom der Besucher riss nicht ab, sodass Goethe, der doch eigentlich in Frieden arbeiten wollte, mitunter recht unwirsch auf das Ansinnen reagierte, empfangen und unterhalten zu werden. Der Romantiker Ludwig Tieck traf den Meister einmal in besonders ungnädiger Stimmung an: Goethe ließ sich willig betrachten und fragte mürrisch nach weiterem Begehr. Tieck erkundigte sich daraufhin, was denn seine Besichtigung koste…

Nachdem Goethe in Weimar in verschiedenen Wohnungen gelebt hatte, schenkte ihm Herzog Carl August das Gartenhaus im Park an der Ilm, um ihn in Weimar zu halten. Aber nach sechs Jahren waren einerseits Goethes Sammlungen gewaltig angewachsen, andererseits bedurfte seine Stellung bei Hofe eines repräsentativeren Umfeldes, sodass er, obwohl er die Stille des Anwesens liebte, 1782 zunächst eine bescheidene Wohnung im westlichen Teil des Hauses am Frauen-

Johann Wolfgang von Goethe
1749–1832, d e r deutsche Dichter und d e r Markenartikel Weimars. Goethe wurde in Frankfurt/Main geboren und starb in Weimar. In den dazwischen liegenden 83 Jahren entstand ein monumentales Werk. Goethe war Sammler, Liebhaber, Beobachter und Ratgeber. Er war Staatsmann und Familienvater. Goethe war Lyriker, Dramatiker, Essayist und führte einen schier unüberschaubaren Briefwechsel mit beinahe allen geistigen Größen seiner Zeit. Kein Stammbuch kommt ohne einen Aphorismus von ihm aus, Schulen werden nach ihm benannt. Jeder kennt wenigstens den Anfang vom Heideröslein: »Sah ein Knab' ein Röslein stehn…«

Garten des Goethe-Hauses

Christiane von Goethe *1765–1816, geborene Vulpius, Goethes Ehefrau. Ihre Familie in der Luthergasse lebte in bedrängten Verhältnissen, sodass Christiane in Bertuchs Kunstblumenfabrik als Näherin arbeiten musste. Schon ein Jahr, nachdem Goethe sie kennengelernt hatte, kam 1789 der erste Sohn August zur Welt. Goethe erkannte den Jungen öffentlich an, was in Weimar mit Empörung registriert wurde. Nach der Besatzung durch napoleonische Soldaten, während der Christiane mit dem Mut einer Löwin Goethe und Sohn verteidigt hatte, heiratete Goethe sie 1806. Christiane war dick, fröhlich und tanzte für ihr Leben gern.*

plan von dessen Besitzer Dr. Helmershausen mietete. Bis heute hat das Gebäude nach außen seine ursprüngliche Form bewahrt, zweigeschossig mit Mansarde und Walmdach mit zwei sich dem Platzverlauf anpassenden baugleichen Seitenrisaliten, in denen die Toreinfahrten sind. Am 1. Juni 1782 verbrachte Goethe hier die erste Nacht.

Im November 1789 übersiedelte er in das Kleine Jägerhaus in der Marienstraße, das heute nicht mehr existiert. Christiane Vulpius, seine Geliebte seit über einem Jahr, erwartete die Geburt ihres ersten gemeinsamen Kindes. Im Park an der Ilm hatte er sie im Juli 1788 kennengelernt, als sie ihm eine Bittschrift ihres Bruders Christian August überreichte, und verliebte sich auf der Stelle in sie. Die kleine Residenz schäumte in selbstgerechter Empörung, war der Abstand zwischen beiden – nicht nur an Jahren – doch zu groß. Man unterstellte ihr eine »niedere Herkunft«, vergessend, dass der Großvater Vulpius Hofadvokat gewesen war und aus der Familie zahlreiche Pastoren hervorgegangen waren, dass selbst Vater und Bruder trotz ihrer Armut Universitätsstudien absolviert hatten. Goethes Gedicht »Gefunden« ist Christiane gewidmet, und schwerlich kann man Schöneres über diese Liebe sagen. Dennoch, selbst als Goethe 1806 Christiane geheiratet hatte, sie also Anspruch auf den Titel »Frau Geheimrätin« hatte, übersah man sie, lud sie nicht ein und sprach von ihr als Goethes »dicker Hälfte«, von einer »berüchtigten Mademoiselle« oder gar von der »tollgewordenen Blutwurst«. Am 25. Dezember 1789 kam August von Goethe zur Welt. Ihm folgten noch vier Geschwister, die aber alle nur wenige Tage lebten.

Ende Juni 1792 übersiedelte die kleine Familie in das inzwischen von Carl August erworbene Haus am Frauenplan. 1807 ging es als Schenkung ganz offiziell in Goethes Besitz über und sollte die letzte Wohnung bis zu seinem Tod bleiben.

Auch nach 1832 blieben Goethes Schwiegertochter, Ottilie von Pogwisch, und ihre drei Kinder Walther, Wolfgang und Alma, Goethes Universalerben, am Frauenplan. Zunächst hatte Kanzler Friedrich von Müller, als Testamentsvollstrecker dazu befugt, die Schlüsselgewalt über Goethes Räumlichkeiten, den schriftlichen Nachlass und die Sammlungen. Als Walther von Goethe 1839 die Volljährigkeit erreichte, bestimmte er, dass niemand ohne seine persönliche Einwilligung die Räume des Großvaters betreten dürfe. Für fast ein halbes Jahrhundert blieb das Goethe-Haus der Öffentlichkeit verschlossen. Selbst verschiedene Kaufangebote des Deutschen Bundes schlug er aus. Als letzter Überlebender bestimmte Walther von Goethe 1885 in seinem Testament, das Goethe-Haus, den Garten und die Kunstsammlungen dem Großherzogtum Sachsen-Weimar zu vermachen; Goethes Archiv ging an die

*Der eifrige **Sammler Goethe** trug in seinem Leben »mit Plan und Absicht« mehr als 26 000 Kunstgegenstände zusammen, darunter 6000 Kupfer- und Stahlstiche, Holzschnitte, Radierungen, 130 Skulpturen und Büsten sowie etwa 2000 eigene Handzeichnungen, Aquarelle und Ölgemälde. Allein seine Bibliothek umfasste rund 8000 Bände. Aber auch naturwissenschaftlichen Objekten galt sein Interesse: um die 18 000 Mineralien nannte er, wohlgeordnet, sein Eigen. »Jeder neue Gegenstand, wohl beschaut, schließt ein neues Organ in uns auf« – alles trug zur Bildung bei.*

Junozimmer

Großherzogin Sophie. Bereits ein Jahr nach seinem Tod wurden erste Räume mit der Originalausstattung als Museum geöffnet. Lange Zeit übersah man, dass es den Enkeln zu verdanken ist, dass die Schätze Goethes nicht verkauft und zersplittert wurden, sondern in ihrer einzigartigen Geschlossenheit erhalten blieben.

Im Februar 1945 traf eine Bombe Haus und Museum, das Dach stürzte ein, und der rechte Seitenflügel wurde vollständig zerstört. Auch Goethes Arbeitszimmer wurde empfindlich beschädigt, aber die gesamte Einrichtung war schon im Jahr zuvor in das Schloss Zillbach bei Wasungen verbracht und somit gerettet worden. 1949 war der originalgetreue Wiederaufbau des Wohnhauses, ab 1954 auch der des 1935 erbauten Museumsanbaus, abgeschlossen. Voraussichtlich Ende 2019 wird Goethes Wohnhaus wegen dringend notwendiger Sanierungsarbeiten bis 2023 geschlossen; der Museumsbereich wird jedoch weiterhin geöffnet bleiben.

Durch den Innenhof, von dem aus alle Wirtschaftsräume abgingen, gelangt man in das großzügige **Treppenhaus**. Goethe hatte es nach eigenen Wünschen umbauen lassen, wobei er sich von antiken Vorbildern leiten ließ. Es solle eine Treppe entstehen, so schrieb er, die man »nicht müd wird auf und abzusteigen«. In der ersten Etage liegen die Empfangs- und Gesellschaftszimmer. Vor dem **Gelben Saal**, dem in Gelbtönen gehaltenen Empfangszimmer, begrüßt das lateinische »Salve« den Gast. Durch das kleine Esszimmer, das Brücken- oder Büstenzimmer und das Gartenzimmer gelangt man in die **Große Stube**, Christianes Reich. Porträts von ihren Enkeln und eine Darstellung des Grabmals ihres Sohnes August, der 1830 in Rom verstarb und auf dem dortigen protestantischen Friedhof beigesetzt wurde, schmücken die Wände. Aber auch das berühmte Goethe-Porträt von Angelika Kauffmann und, ihm gegenüber, das Porträt Christianes mit dem Sohn August auf dem Arm (1792) sind hier zu finden.

Für Empfänge, die der Staatsminister Goethe zu geben hatte, standen zwei einander folgende repräsentative Säle zur Verfügung. Der größte und prächtigste Raum ist das nach der kolossalen Gipsbüste, die Goethe und seine Zeitgenossen als Göttin Juno identifizierten, benannte **Junozimmer**. Ihr Original bestaunte er während seiner Italienreise in Rom und bezeichnete sie fortan als seine »erste Liebschaft in Rom«. Der Hammerflügel verweist auf die Funktion des Raumes als Musikzimmer. Die junge Clara Wieck spielte hier,

Links: Goethes Bibliothek

auch der als Wunderkind bejubelte Felix Mendelssohn Bartholdy. Über dem Flügel hängt eine Kopie des von Goethe sehr geschätzten römischen Freskengemäldes »Aldobrandinische Hochzeit«. Der Nachbarraum wird wegen des an der Stirnwand hängenden Porträts von Francesco Maria II. della Rovere, Herzog von Urbino, auch **Urbinozimmer** genannt. Goethe sah in ihm ein Ebenbild seines Torquato Tasso, dessen Träume an der höfischen Wirklichkeit zerbrechen mussten.

Über eine kleine Wendeltreppe, durch das Vorzimmer und die angrenzende **Bibliothek** gelangt man in das Herzstück des Hauses, Goethes in Grün gehaltenes **Arbeitszimmer** und sein nur durch das Dienerzimmer abgetrenntes **Schlafgemach**. Streng und nüchtern, geradezu armselig muten sie angesichts der Pracht der öffentlichen Zimmer an. In dem Sessel neben dem Bett starb Goethe am Vormittag des 22. März 1832.

In dem kleinen **Hausgarten** fand Goethe Erholung und frische Anschauung. Zeitlebens befasste er sich mit der Idee der Urpflanze, der Metamorphose der Pflanzen, dem »Stirb und werde« in der Natur. Hier nun konnte er selbst Beete anlegen und Pflanzen züchten.

Vermittelt Goethes Wohnhaus einen lebendigen Eindruck von Goethes Lebensstil, der Wohnkultur sowie seiner Arbeits- und Alltagswelt, so veranschaulicht die Dauerausstellung »Lebensfluten – Tatensturm« im Goethe-Nationalmuseum Goethes Leben und Werk.

Goethes Arbeitszimmer

[8] Schillerstraße

Die einst Esplanade genannte Straße entstand nach der Schleifung der Stadtbefestigung als Flaniermeile am Verlauf der einstigen Stadtmauer und wurde 1853 in Schillerstraße umbenannt. In den späten 1960er Jahren gestaltete man sie zusammen mit dem Theaterplatz zu einer der ersten Fußgängerzonen in der DDR um.

Gegenüber Schillers Wohnhaus steht einer der beliebtesten Brunnen Weimars, der Gänsemännchenbrunnen. Sein Original von 1550 befindet sich auf dem Hauptmarkt in Nürnberg. Goethe schätzte die Arbeit überaus und bestellte deshalb einen Tonabguss. Großherzogin Maria Pawlowna liebte die Figur ebenfalls und erwarb einen Bronzeabguss. Als die Weimarer Bürger nach dem Tod der Großherzogin ihr zum Andenken einen Brunnen aufstellen wollten, erinnerten sie sich des Abgusses und ließen 1864 eine verkleinerte Version anfertigen, die auf einer Brunnenschale aus Travertin postiert wurde. Hinter dem Brunnen erkennt man die moderne Fassade des Schillerkaufhauses, zu dessen Gunsten man nur sagen kann, dass es die benachbarten Häuser nicht überragt. Goethe und Schiller ernähren die Stadt auch heute noch – am Theaterplatz gibt es natürlich ein Goethekaufhaus, und bestimmt finden zukünftige Investoren noch andere große Namen, mit denen sie ihre Verkaufspaläste schmücken können.

[9] Schiller-Museum und Schillers Wohnhaus

Apr.–Okt.: Di–So 9.30–18 Uhr;
Nov.–März: Di–So 9.30–16 Uhr

Seit 1799 lebte Friedrich Schiller mit seiner Frau Charlotte und seinen drei Kindern in der Windischenstraße 8, bis ihm 1802 sein Übersetzer, der englische Poet und Diplomat Joseph Charles Mellish, sein im Jahr zuvor erworbenes Haus in der Schillerstraße 12 für 4200 Reichstaler verkaufte. Das war eine Menge Geld für einen Schriftsteller, der als einer der ersten in Deutschland von seiner Feder Arbeit leben musste. Die Professur in Jena brachte außer den Vorlesungsgeldern nichts ein, die jährliche Apanage vom Herzog betrug gerade mal 200 Taler im Jahr, wozu noch etwa 1500 Taler Honorare aus seiner schriftstellerischen Tätigkeit kamen. Damit galt Schiller zwar im Gegensatz zu den meisten Weimarern als recht wohlhabend, aber die Kaufsumme für sein Haus musste er sich dennoch zusammenborgen. Neben der Stadtmauer gelegen, mit freiem Blick auf unbebautes Gelände, bot es ihm Ruhe zum Arbeiten sowie seiner Familie, zu der 1804 noch eine Tochter kam, und dem Personal genügend Platz.

Friedrich Schiller *1759–1805, Dichter, Philosoph und Historiker. 1781 entstand Schillers erstes Stück »Die Räuber«, das zu einem Verbot aller dichterischen Betätigung durch Herzog Carl Eugen von Württemberg führte. Schiller floh aus Stuttgart. 1788 erhielt er eine Professur an der Universität Jena und traf Goethe zum ersten Mal. Aus anfänglicher Konkurrenz wurde eine enge Arbeitsfreundschaft. 1799 nahm er endgültig seinen Wohnsitz in Weimar. Schiller war Bürger der Französischen Republik und seit 1802 nobilitiert. Als Dramatiker war er berühmter als Goethe und wird auch heute öfter gespielt.*

In die Räume seines Wohnhauses gelangt man durch den Haupteingang im rückwärtig an der Neugasse 1 gelegenen Schiller-Museum. Dies ist einer der wenigen Museumsneubauten der DDR, 1988 errichtet und seit 2008, erheblich modernisiert, für verschiedene Wechselausstellungen genutzt. Im Schiller-Haus erwarten den Besucher authentische Stücke aus dem Nachlass des Dichters kombiniert mit zeitgenössischem Interieur. Seit 1988 steht im Gang zwischen Wohnhaus und Museum der Bronzetorso »Hommage á Schiller« von Wieland Förster.

Im **Erdgeschoss** liegen die Wirtschaftsräume, die Küche und das Zimmer seines treuen Leibdieners. Georg Gottfried Rudolph stand wahrscheinlich seit 1797 in Schillers Diensten, verdiente jährlich 40 Reichstaler bei freier Kost und Logis und blieb als Kopist, Schreiber, Botengänger, Heizer und Besorger der Post bis zu Schillers Tod diesem treu ergeben.

Im **ersten Stock** spielten sich das gesellschaftliche und das private Leben der Familie Schiller ab, im Salon empfing man Gäste, hier spielten, lernten und schliefen die Kinder, und hier hatte Charlotte von Schiller, geborene von Lengefeld, ihre Privatgemächer. Besuche, wie die der befreundeten Charlotte von Stein, Hofdame bei Herzogin Anna Amalia, waren für die adelig geborene Charlotte von großer Bedeutung, war sie als mit einem Bürgerlichen verheiratete Frau doch bei Hofe nicht zu-

Mansarde in Schillers Wohnhaus

gelassen. Erst die Nobilitierung Schillers 1802 änderte dies, sodass Schiller zufrieden feststellen konnte: »Lolo ist jetzt recht in ihrem Element, da sie mit der Schleppe am Hof herumscharwenzelt.« Man tut ihr aber Unrecht, wollte man sie darauf reduzieren: Charlotte war klug, belesen, interessiert gar an Naturwissenschaften, sie malte und zeichnete, schrieb Erzählungen und Gedichte. Wichtiger aber war, dass sie ihrem Mann den Rücken für seine Arbeit freihielt und höchst pragmatisch alle familiären Angelegenheiten klärte.

Die **Mansarde** des Hauses beanspruchte Schiller ganz für sich allein. Im Empfangsraum hängt das berühmteste aller Schiller-Gemälde, geschaffen von Anton Graff in Dresden (1791). Die eintreffenden Gäste wurden in diesem kleinen Raum empfangen und ins Gesellschaftszimmer geleitet: Wilhelm von Humboldt, Goethe selbstverständlich, Carl Ludwig Knebel, die Verleger Cotta und Göschen, Charlotte von Stein oder Georg Melchior Kraus. Seine Ehefrau Charlotte spielte häufig auf dem Tafelklavier, während Schiller im Nebenraum arbeitete. Das **Arbeitszimmer** ist der authentischste und bedeutendste Raum des Hauses. Hier vollendete Schiller »Die Braut von Messina« und den »Wilhelm Tell«, hierher zog er sich zurück, manchmal über Wochen hinweg, in denen er das Haus nicht verließ. »Die Türschwelle ist die Grenze meiner Wanderungen«, schrieb er einmal. Ihm galt die Idee als Ausgangspunkt und nicht die le-

Schiller-Museum

Ausstellungsraum im Schiller-Museum

bendige Anschauung, wie für Goethe, der beobachten und befühlen musste, um schöpferisch tätig zu werden. Dabei unterwarf sich der ständig an anderen Krankheiten leidende Schiller einem enormen Arbeitspensum. Der »Demetrius« musste jedoch unvollendet bleiben. Auf dem Schreibtisch liegt ein Blatt mit seinen wahrscheinlich letzten Zeilen. Die nach seinem frühen Tod am 9. Mai 1805 vorgenommene Sektion machte eine zerstörte Lunge und Niere sowie eine Schrumpfung des Herzmuskels sichtbar. Wie der obduzierende Arzt an Carl August schrieb, musste man sich wundern, dass Schiller überhaupt so lange hatte leben können.

Nach seinem Tod blieb Charlotte mit den Kindern in der ersten Etage wohnen, die restlichen Räume musste sie aus finanziellen Gründen vermieten. Sie läutete die folgende Schiller-Verehrung ein, die den Dichter zum Heroen stilisierte, verkaufte und verschenkte jedoch auch Briefe und Schriftstücke, wobei sie ziemlich wahllos vorging. Nach ihrem Tod verkauften die Kinder das Haus an den Gartenbauinspektor Weise, dessen Erben es wiederum 1847 an die Stadt Weimar veräußerten, die darin eine Schiller-Gedenkstätte einrichtete. Am 9. Februar 1945 trafen Bomben das Haus, es brannte im Inneren aus, die Grundmauern und das Dach blieben jedoch erhalten. Im Jahr 1946 wurde es in alter Form wiederaufgebaut. Seit 1998 gehört es im Ensemble »Klassisches Weimar« zum UNESCO-Weltkulturerbe.

[10] Wittumspalais

Apr.–Okt.: Di–So 10–18 Uhr;
Nov.–März: Di–So 10–16 Uhr

Anna Amalia
1739–1807, geb. Prinzessin von Braunschweig-Wolfenbüttel, durch Heirat Herzogin von Sachsen-Weimar-Eisenach. Sechzehnjährig wurde Anna Amalia mit Ernst August II. Constantin verheiratet und bereits nach zwei Jahren Witwe. Bis zur Volljährigkeit ihres älteren Sohnes Carl August war sie alleinige Regentin des Landes. Die meisten ihrer Reformansätze – Polizei, Justiz und Bildungswesen betreffend – blieben unvollendet. Ihre Hofhaltung als Zufluchtsort der Musen bildete bis 1780 das geistig-kulturelle Zentrum Weimars. Ihre Bibliothek war mit etwa 5000 Bänden die größte private Büchersammlung einer deutschen Fürstin.

Unter einer Witwe stellt man sich meist eine vom Kummer gebeugte ältere Frau vor. Die Gemahlin von Herzog Ernst August II., Anna Amalia, war aber gerade 18 Jahre alt, als ihr 21-jähriger Mann starb, eine blutjunge Frau also mit zwei kleinen Kindern. Ihr Gatte war von schwacher Gesundheit gewesen, aber dennoch ein weitsichtiger Mann, der testamentarisch seine Ehefrau in Vertretung seines unmündigen Thronfolgers als Regentin bestimmte. Siebzehn Jahre regierte Anna Amalia, bis sie 1775 die Herrschaft an ihren volljährig gewordenen Sohn Carl August abgab. Ihm und seiner Gemahlin die Räume des Fürstenhauses überlassend, zog sie sich in das 1767 vom wichtigsten Minister des Herzogtums, Jakob Friedrich Freiherr von Fritsch, erbaute Palais zurück und lebte hier bis zu ihrem Tod. Fritsch, so überliefert man, habe ihr das Palais »selbstlos« verkauft. Nach der Schleifung der Stadtmauern 1793 gehörten dazu weitläufige Gärten, die von der Stadt gepachtet waren. Nach dem Tod Anna Amalias konnte die Stadt beginnen, dieses Areal in einen Bebauungsplan einzubeziehen.

Vor ihrem Einzug ließ die kunstsinnige Anna Amalia die Innenräume des Palais für ihre Zwecke umgestalten und beauftragte den Leipziger Akademiedirektor Adam Friedrich Oeser mit der Ausmalung der Decken in den Privaträumen der ersten Etage und im Festsaal im zweiten Geschoss. Über 30 Jahre lang lebte Anna Amalia hier und bildete den Mittelpunkt eines literarisch und künstlerisch interessierten Freundeskreises, zu dem Goethe und Herder, die Prinzenerzieher Wieland und Knebel, Charles Gore und Jean Paul gehörten. In der Dauerausstellung im Goethe-Haus ist das berühmte Aquarell von Georg Melchior Kraus zu besichtigen, das 1795 entstand und die berühmte Tafelrunde bei Anna Amalia zeigt. Man las, diskutierte, musizierte, erfreute sich aneinander und tauschte Tratsch und Klatsch.

Heute kann man die Wohn- und Gesellschaftsräume, darunter das in der ersten Etage gelegene Tafelrundenzimmer, Möbel, Büsten und Gemälde der herzoglichen Familie, Musikinstrumente und sogar Anna Amalias Bett besichtigen. Alles ist von schlichter Eleganz und solider Handwerkskunst und vermittelt einen Eindruck adeliger Wohnkultur des 18. Jahrhunderts. 1919 übernahm das Goethe-Nationalmuseum das Wittumspalais. Nach schweren Zerstörungen im Zweiten Weltkrieg bis 1949 wiederaufgebaut, ist »das Bilderbuch des guten Geschmacks« seit 1998 Bestandteil des Ensembles »Klassisches Weimar« und gehört zum UNESCO-Weltkulturerbe.

Carl August von Sachsen-Weimar-Eisenach
1757–1828, Herzog, ab 1815 Großherzog. Bis zu seiner Volljährigkeit regierte seine Mutter Anna Amalia. Im Jahr seines Regierungsantritts heiratete Carl August Luise von Hessen-Darmstadt. Trotz der geringen Größe seines Herzogtums verfolgte er ehrgeizige außenpolitische Pläne, die aber scheiterten. Goethe, Ratgeber seit 1776, missbilligte diese. Als aufgeklärter Fürst gab er dem Land 1816 eine landesständische Verfassung, mit Presse- und Meinungsfreiheit. Ruhm erlangte er jedoch durch seine kluge Kultur-und Personalpolitik, die aus Weimar ein europaweit beachtetes geistig-kulturelles Zentrum machte.

Tafelrundenzimmer

[11] Goethe-Schiller-Denkmal

Über das wohl berühmteste Dichter-Denkmal der Welt schrieb Egon Erwin Kisch 1926: »Lächerlich, solch ein Geniekult…!« Ganze Bibliotheken deutender Literatur wurden geschrieben: warum nur ein Lorbeerkranz, warum die abwehrende Handbewegung Schillers, wie albern das angeglichene Größenverhältnis der Heroen (Goethe maß gerade 1,69 m, Schiller hingegen stolze 1,81 m), warum schauen die Freunde in verschiedene Richtungen, warum lehnt nur Goethe sich an einen Baumstamm, und was bedeutet die deutsche Eiche?

Bereits 1849, zu Goethes 100. Geburtstag, sollte auf Wunsch des späteren Großherzogs Carl Alexander ein Denkmal enthüllt werden. Das Material (eingeschmolzene türkische Kanonen) stiftete der bayerische König Ludwig I. Als ausführenden Künstler hatte man sich Altmeister Christian Daniel Rauch erwählt. Der aber entwarf ein Doppelstandbild mit Goethe als Platon und Schiller als Aristoteles in antiken Gewändern. Das gefiel dem Großherzog nicht, er verlangte aktuelle Kleidung. Die zweite Wahl fiel auf den Rauch-Schüler Ernst Rietschel. Auf diesen kamen nun nervenaufreibende Zeiten zu, denn nicht nur das Weimarer Denkmalskomitee, nein, auch der Großherzog, Napoleon III., der 700 Taler spendete, und der Kanonen-Stifter hatten ein Wörtchen mitzureden. Mehrmals musste Rietschel seinen Entwurf ändern.

Die Feierlichkeiten zum 100. Geburtstag Carl Augusts gaben schließlich den passenden Rahmen für die Enthüllung. Bereits am 2. September 1857 lief eine Klassiker-Vorstellung nach der anderen im Hoftheater. Am Tag darauf erfolgte die Grundsteinlegung für das Reiterstandbild Carl Augusts am Fürstenhaus. Am 4. September 1857 versammelte sich bei Nieselregen und kühlen Temperaturen alles, was Rang und Namen hatte, zunächst am Wielandplatz, um dort das Wieland-Denkmal zu enthüllen, und eilte danach zum Theaterplatz. Die Enthüllung des bronzenen Dioskurenpaares geriet zu einem Ereignis nationalen Ranges.

Zum 100. Jubiläum der Gründung der Weimarer Republik wird 2019 auf den Mauern des ehemaligen Zeughofes und in der einstigen Großherzoglichen Remise das »Haus der Weimarer Republik« entstehen. Ein moderner Ergänzungsbau wird mit den historischen Wänden ein spannendes Ensemble bilden, in dem Ausstellungen und Forschung nebeneinanderstehen.

*Die **Weimarer Republik**, auch Deutsche Republik genannt, bezeichnet die Epoche von 1918–1933 des Deutschen Reiches, in der erstmalig in Deutschland eine parlamentarische Demokratie existierte. Sie begann mit der Ausrufung der Republik am 9. November 1918 und endete am 30. Januar 1933 mit der Ernennung Adolf Hitlers zum Reichskanzler. Ihren Namen erhielt die Weimarer Republik (nach dem Tagungsort der ersten verfassungsgebenden Nationalversammlung 1919 in Weimar) jedoch erst in den späten 1920er Jahren. Hier wurde er in der kommunistischen und nationalsozialistischen Presse als diffamierender Kampfbegriff gebraucht.*

[12] Deutsches Nationaltheater

***Spielplan und Tickets** unter www.nationaltheater-weimar.de*

*Die 91 »**Regeln für Schauspieler**«, 1803 von Goethe diktiert und von seinem Sekretär Geist aufgeschrieben, sollten mit den Unarten der Schauspieler aufräumen, die diese noch aus ihren Zeiten als fahrendes Volk zeigten. Übermäßiges Grimassieren, Extemporieren und neumodisches Kostümieren verbat er sich. Allein 42 Paragraphen galten der Deklamation. Goethe gab hier ganz praktische Sprecherziehung, die in erster Linie auf Textverständlichkeit abzielte. Man trifft heute selten einen Schauspieler, der diese Tipps nicht dringend nötig hätte. Aber auch das Publikum wollte Goethe erziehen – sein Ausruf: »Man lache nicht!« ist sprichwörtlich geworden.*

Hinter dem Goethe-Schiller-Denkmal erhebt sich breit und trutzig das Theater, das selbstverständlich nicht mehr die Bühne ist, die Goethe und Schiller kannten, und auch nicht das Theater, in dem Liszt und Richard Strauss dirigierten. Es ist bereits der dritte Theaterbau an dieser Stelle.

Schon im Schloss gab es seit 1696 einen Opernsaal, der aber 1774 abbrannte. Herzogin Anna Amalia gründete daraufhin ein Liebhabertheater, in dem Laien aller Kreise an verschiedenen Orten in der Stadt spielten, und für das die Herzoginwitwe sogar selbst komponierte. Höchst beliebt waren die Aufführungen von Lustspielen, französischer Dramatik und gar Opern auf den Naturbühnen der Schlösser Ettersburg und Tiefurt sowie im 1775 errichteten Redoutenhaus (heute Schillerstraße 18). Dort fand als letzte Inszenierung im April 1779 die Aufführung von Goethes »Iphigenie auf Tauris« statt.

Nur einen Monat später ließ Herzog Carl August gegenüber dem Wittumspalais ein Komödienhaus errichten, das 1791 in ein von Goethe geleitetes Hoftheater umgewandelt wurde. Die Schauspieler standen im

Dienste des Hofes, und aus gutem Grund hielt es ihr Intendant noch 1803 für dringend geboten, ihnen die wichtigsten Regeln der Schauspielkunst nahezulegen. Als das Hoftheater aber 1825 abbrannte, war Goethes Reaktion ausgesprochen kühl und unbeteiligt. Der Grund? Schon 1817 hatte ihn sein Herzog zugunsten der Schauspielerin Caroline Jagemann kurzerhand entlassen. Ein neues Theatergebäude entstand, zu dessen Bau Goethe nicht mehr befragt wurde.

Die sogenannte »silberne« Epoche Weimars begann mit dem Wirken Johann Nepomuk Hummels und Franz Liszts als Hofkapellmeister, mit Franz Dingelstedt und Richard Strauss. Zu Beginn des 20. Jahrhunderts genügte das Theater nicht mehr den Anforderungen an Bühnenausstattung und Technik, 1907 riss man das Haus ab. Mit großem Vorlauf plante der Hoftheaterintendant Hippolyt von Vignau mit dem auf Theaterbauten spezialisierten Architekten Max Littmann einen Neubau, der 1908 eingeweiht wurde.

1919 ernannte die thüringische Landesregierung den Schriftsteller Ernst Hardt zum Intendanten des nunmehrigen Landestheaters. Seine erste Amtshandlung war die Umbenennung in »Deutsches Nationaltheater in Weimar« (DNT). Die einstige Hofkapelle spielte munter als Weimarer Staatskapelle weiter. Vom 6. Februar bis zum 21. August 1919 tagte die Nationalversammlung im Theater, 1926 jedoch auch der zweite Reichsparteitag der NSDAP. Bereits 1932 lag die Thüringer Landesregierung als erste in Deutschland vollständig in der Hand der Nationalsozialisten, das Theater wurde schnell gleichgeschaltet und »judenrein«. 1944 wie alle deutschen Bühnen geschlossen, wurde das Theater am 9. Februar 1945 von Bomben bis auf die Fassade zerstört.

Als erstes wiederaufgebautes deutsches Theater der Nachkriegszeit eröffnete das DNT 1948 mit einer Inszenierung des »Faust«, im Jahr darauf hielt Thomas Mann aus Anlass der Goethe-Feiern seine berühmte Rede, in der er erklärte, er kenne keine Zonen, sein Besuch gelte Deutschland. Noch einmal kam Mann nach Weimar, diesmal zu den Schiller-Feiern 1955, und wieder hielt er im Theater den Festvortrag. Heute bietet das DNT, seit 2008 Staatstheater Thüringens, in den Sparten Schauspiel, Oper und Konzert ein breites Spektrum mit zeitgenössischem und klassischem Repertoire. Seit 2013 gehört zudem das Kunstfest Weimar, ein jährlich im Spätsommer stattfindendes Festival zeitgenössischer Kunst, zum DNT.

Weimarer Nationalversammlung
Während in der Hauptstadt Berlin die Revolution tobte, verlegte man den Regierungs- und Parlamentssitz Deutschlands 1919 nach Weimar, das für 197 Tage Hauptstadt wurde. Am 6. Februar trat die Nationalversammlung mit 423 Abgeordneten im Nationaltheater zusammen, dessen Zuschauerraum zum Plenarsaal umgebaut worden war. Die Regierung quartierte sich im Residenzschloss ein. Alle Betten in Weimar – ausgenommen die der hehren Dichterstätten – waren belegt, die Preise für Quartiere stiegen um das Fünffache. Etwa 400 Soldaten schützten die Stadt mit einem Sperrgürtel. Am 23. Juni stimmte die neue Regierung dem Versailler Vertrag zu, am 31. Juli nahm sie die Verfassung an, und am 21. August kehrte, sehr zum Bedauern der Gastronomen, wieder Ruhe ein.

[13] Grand Hotel Russischer Hof

***Hotel-Restaurant »Anastasia«** Di–So 18–23 Uhr*

Als der Baumeister Anton Georg Hauptmann 1803 an dieser Stelle ein Mietshaus errichtete, stellte er auch eine Wärmestube für Bedürftige zur Verfügung. Schon zwei Jahre später wechselte das Haus die Besitzer. Zwei adelige Damen aus dem engeren Hofkreis wollten aus Anlass der Eheschließung von Erbprinz Carl Friedrich mit der Schwester des russischen Zaren, Maria Pawlowna, dem neueröffneten Gasthof den Namen »Hotel de Russie« geben. Allein, es blieb zunächst bei »Alexanderhof«, zu Ehren des Zaren Alexander I., des Bruders von Maria Pawlowna. Nach der Schlacht bei Jena und Auerstedt wurden im Gasthof verwundete Soldaten gepflegt, dann zog die Post ein, und sogar exotische Tiere und Kunst wurden hier gezeigt. 1840 tauchte zum ersten Mal der Name »Russischer Hof« auf, der aber 1914 mit Ausbruch des Ersten Weltkrieges schnell in »Fürstenhof« geändert wurde.

Ein »sympathisches altes Hotel« bekannte einst Thomas Mann anlässlich seines Aufenthaltes 1932. Die Pflege der Tradition und eine zeitlos gediegene Atmosphäre zeichnen das Haus auch in der Gegenwart aus. Neben dem »Elephanten« gehört das Grand Hotel zu den etablierten und begehrtesten Herbergen der Stadt.

Lotte unter Weimar
Im Städtebuch von Georg Braun (3. Auflage, 1581) befindet sich auch eine Ansicht von Weimar, ein Kupferstich von Franz Hogenberg. Dieser bezog sich auf einen Holzstich, wahrscheinlich gefertigt von Veit Thiem nach Aufmaßen des Bürgermeisters Johannes Wolf. Der Plan ist detailreich, und man erkennt zahlreiche offen fließende Wasserläufe in den Gassen der Stadt, die zur Versorgung der Häuser mit Frischwasser dienten. Offensichtlich lenkte man zu diesem Zweck auch den Lottenbach, einen linken Nebenlauf der Ilm, in die Kernstadt. Heute verläuft er ab Ecke Paul-Schneider-/Jahnstraße unterirdisch.

[14] Goetheplatz

Als Goethe nach Weimar kam, wurde hier noch mit Schweinen gehandelt. Heute dagegen ist der Platz ein Anziehungs- und Knotenpunkt – hier treffen sich alle Buslinien der Stadt, und hier gibt es einen Stand, der hervorragende Thüringer Bratwürste vom Grill verkauft. Interessant ist außer dem »Russischen Hof« die östliche Front.

Da ist zunächst ein kleines, an den Athener Nike-Tempel erinnerndes Gebäude. 1859 ließ Maria Pawlowna für die bereits 1830 gegründete öffentliche Lesegesellschaft »Museum«, die sich bis dahin im Fürstenhaus getroffen hatte, ein eigenes Haus errichten. In den Räumen der Lesehalle konnten interessierte Bürger – und endlich auch Frauen – u.a. in 116 in- und ausländischen Periodika lesen. Seit 2008 sendet von hier aus Radio Lotte, ein regionaler Sender für die Bürger Weimars. Sein Name erinnert natürlich an Thomas Manns Roman, er bezieht sich aber auf den unterirdisch fließenden Lottenbach.

Daran schließt sich das ehemalige Gesellschaftsgebäude des Vereins »Erholung« an, einer Lesegesellschaft des Weimarer Bürgertums, die sich 1860 das majestätische Gebäude errichten ließ, eines der spätesten klassizistischen Häuser in Weimar. Ein Säulengang verbindet es mit dem Kasseturm. Hier fand 1864 die Gründung des »Vereins der Shakespeare-Freunde«

*Weimar war schon immer ein Ort der **Shakespeare**-Rezeption. Der Übersetzer Wieland lebte hier, und die Stücke des Dramatikers standen auf dem Programm des Hoftheaters. 1864 gründete sich auf Initiative des Intendanten Franz von Dingelstedt und Wilhelm Oechelhäusers anlässlich der Feierlichkeiten zum 300. Geburtstag des Dramatikers die Keimzelle der Deutschen Shakespeare-Gesellschaft, der »Verein der Freunde Shakespeares«. Ziel war und ist die Pflege Shakespeares im deutschen Sprachraum. Seit 1963 existierten parallel zwei deutsche Shakespeare-Gesellschaften, die sich 1993 jedoch wieder freudvoll vereinigten.*

Gebäude der Lesegesellschaft »Museum«

Jugend- und Kulturzentrum »mon ami«

statt. Heute hat hier das Jugend- und Kulturzentrum »mon ami« seinen Sitz, das neben Konzerten und Partys im Saal ein kommunales Kino betreibt. Diesen Saal sollte man unbedingt besichtigen, ziert ihn doch die originale Kassettendecke aus der Erbauungszeit.

Der leere Denkmalsockel vor dem »mon ami« wirft oft Fragen bei Touristen auf. Seit 1907 stand darauf das bronzene Reiterstandbild von Großherzog Carl Alexander, aber durch Bombensplitter 1945 stark beschädigt, wurde es eingeschmolzen. Erst 1997 entdeckte man den leeren Sockel wieder und stellte ihn am alten Platz auf.

Am nördlichen Ende steht der Kasseturm, einer der beiden letzten Türme der Stadtbefestigung aus dem 15. Jahrhundert, in den 1774 die herzogliche Finanzverwaltung zog. Wegen des östlich angebauten Ackerbürgerhofes, der einem Herrn Francke gehörte, hat der Komplex auch seinen Namen Franckescher Hof erhalten. Der Kasseturm ist seit 1962 ein über die Grenzen der Stadt hinaus bekannter Studentenclub. Der Turm wurde mit Genehmigung der Hochschulleitung in Besitz genommen und von den Studenten in ihrer Freizeit entrümpelt und ausgebaut. Eine strenge »Einlassordnung« gestattete Besuchern aus dem nichtsozialistischen Ausland nur nach Voranmeldung den Zutritt. Die Konzerte, Lesungen und Kleinkunstveranstaltungen im Turm waren in der DDR legendär.

[15] Palais Schardt

Apr.–Okt.: Di, Do–Sa 14.30–18 Uhr; Nov./Dez.: Di, Fr, Sa 14.30–18 Uhr; Jan.–März: Fr/Sa 14.30–18 Uhr

Ein schmaler Durchgang führt rechts neben dem Kasseturm zur Teichgasse/Ecke Scherfgasse. Die Nr. 3 wurde 1597 als Schwarzenfelsisches Haus erbaut, in dessen Erdgeschoss ein Handelskontor arbeitete. 1756 erwarb Johann Wilhelm Christian von Schardt, dessen Vater Oberschenk bei Herzog Ernst August war, Haus und Grundstück. Schnell stieg er in herzoglichen Diensten zum Haus- und Hofmarschall auf. Damit war er einer der höchsten Beamten bei Hofe. Für die Literaturgeschichte aber ist es bedeutender, dass er mit seiner Gattin, die auf den schönen Namen Concordia hörte, einer Tochter das Leben schenkte, der später verheirateten Charlotte von Stein. Diese, so darf vermutet werden, war der eigentliche Grund, warum Goethe 1776 beschloss, in Weimar zu bleiben. Im November 1775, Goethe war noch Gast beim Kammerpräsidenten von Kalb, begegnete er Charlotte zum ersten Mal im Gartenpavillon des Palais. Heute kann man den Goethe-Pavillon, den Festsaal und ein Puppenstubenmuseum besichtigen sowie Kammerstücke, Lesungen und Konzerte besuchen.

Charlotte von Stein
1742–1827, Hofdame, enge Vertraute Goethes. Als Tochter des Hofmarschalls von Schardt in Eisenach geboren, genoss Charlotte eine sorgfältige Erziehung und heiratete 1764 den herzoglichen Stallmeister Josias Friedrich von Stein. 1775 lernte sie Goethe kennen. Ihre leidenschaftliche Liebe ist in etwa 1700 Briefen Goethes dokumentiert. Seiner Beziehung zu Christiane Vulpius stand sie so verständnislos gegenüber, dass ihre Freundschaft abflaute. Dennoch protegierte Goethe ihren Sohn Fritz. Berühmt ist Peter Hacks' Stück »Ein Gespräch im Hause Stein über den abwesenden Herrn von Goethe«.

Friedrich Justin Bertuch 1747–1822, Verleger und Mäzen. Seit 1775 in herzoglichen Diensten, gründete er die Zeichenschule in Weimar und eröffnete 1782 eine Fabrik für künstliche Blumen. Daraus entstand 1791 das »Landes-Industrie-Comptoir«, ein komplexes Wirtschaftsunternehmen, das vor allem Arbeitsplätze schuf. Zudem gründete er eine Papier- und Farbenmühle, eine Buchdruckerei und eine kartografische Abteilung. Als Mäzen finanzierte er u.a. die erste Goethe-Ausgabe bei Göschen und verlegte seit 1785 die »Allgemeine Literatur-Zeitung«, seit 1786 die erste Mode-Illustrierte und seit 1790 sein größtes Buchprojekt, das »Bilderbuch für Kinder«.

[16] Stadtmuseum

Di–So 10–17 Uhr

An der belebten Karl-Liebknecht-Straße liegt die 90 Meter lange Front der Bertuchschen Häuser, in denen seit 1954 das Stadtmuseum sein Domizil hat. Friedrich Justin Bertuch ließ den dreigeschossigen Mittelbau 1780 auf dem Baumgarten genannten Grundstück vor den Toren der Stadt erbauen, erst um 1802 kamen die beiden Seitenflügel hinzu.

Auf drei Etagen zeigt das Stadtmuseum, das aus privaten Sammlungen des 19. Jahrhunderts hervorgegangen ist und seit 1903 in städtischer Hand liegt, die Geschichte Weimars von der Zeit, als Goethe in Weimar wirkte, bis hin zum Jahr 1989. Ein Schwerpunkt liegt auf der Darstellung der »Nationalversammlung 1919«, hierzu wird eine Sonderausstellung im zweiten Obergeschoss gezeigt. Eigene Ausstellungsbereiche bekamen der Hoffotograf Louis Held, dessen reicher Foto- und Filmnachlass das Weimar an der Schwelle zum 20. Jahrhundert dokumentiert, sowie der Künstler Alexander Olbricht. Sein Atelier wurde im Stadtmuseum rekonstruiert.

Wechselnde Sonderausstellungen sind auch in der dem Museum angeschlossenen Kunsthalle »Harry Graf Kessler« am Goetheplatz 9b zu sehen.

[17] Weimarhalle und Weimarhallenpark

Weimar, 1919–1925 Wirkungsstätte des Staatlichen Bauhauses, galt im Hinblick auf Kunst, Architektur und Städtebau nicht als unumstritten. Auch von der Stadt wurden gegenteilige, auf Tradition basierende Entwürfe geliefert, die vor allem August Lehrmann, von 1907 bis 1937 Weimarer Stadtbaurat, zuzuordnen sind. Lehrmann, kein Freund des Bauhauses, konzipierte bereits in den letzten Jahren des Kaiserreichs gemeinsam mit dem Architekten Max Vogeler ein »Kulturprojekt«, das Teil einer breiten Städtebau-Reformbewegung war. Ziel dieser Bewegung war es, die historisch gewachsenen Städte mit Parks aufzulockern und den Bewohnern mit darin eingebundenen Sport-, Spiel- und Kulturanlagen Erholung zu verschaffen.

Für das Weimarer »Kulturprojekt« wählte man das Areal hinter den Bertuchschen Häusern, aber die Krisenjahre nach dem Ersten Weltkrieg verhinderten die Weiterführung der Planungen. Erst 1930/32 entstand die sachliche, moderat moderne Weimarhalle mit drei breiten Terrassen und zwei feingliedrigen Seitenflügeln. In Verbindung mit dem neugeschaffenen Weimarhallenpark, für den die etwas verwilderten Bertuchschen Gärten in Bezug zur Stadthalle angepasst wurden, war das bedeutendste Beispiel eines

Louis Held
1851–1927, Fotograf und Filmpionier. Der in Berlin geborene und ausgebildete Held eröffnete 1882 in der Weimarer Schillerstraße ein Fotoatelier, das sich auf Porträtaufnahmen vor antikisierenden Atelierkulissen spezialisierte. 1886 bezog er ein großes Atelier in der Marienstraße 1. 1888 wurde Held »Großherzoglicher Hofphotograph«. Er fotografierte mit stets modernster Ausrüstung die kulturellen Ereignisse und technischen Neuerungen Weimars und dokumentierte so das Leben der Stadt in beinahe allen Bereichen. Seit 1910 entstanden die ersten Schmal- und Kurzfilme. 1912 eröffnete Held Weimars erstes Kino.

Walter Gropius
1883–1969, Architekt und Gründer des Bauhauses. Gropius war der Großneffe des Architekten Martin Gropius. Er studierte Architektur in München und Berlin. In verschiedenen Gruppen für eine Neuorientierung der Architektur engagiert, setzte er mit seinen Designvorschlägen neue Maßstäbe. Von 1919 bis 1928 konnte er an dem von ihm gegründeten Staatlichen Bauhaus, zunächst in Weimar, seit 1925 in Dessau, seine Theorien in die Praxis umsetzen. Seit 1928 war er wieder als freier Architekt tätig, floh 1934 über England in die USA und nahm dort eine Professur an der Harvard University an. Gropius zählt zu den einflussreichsten Architekten der Moderne.

Volksparks in einer kleineren deutschen Stadt vollendet.

Nach 1945 diente die Weimarhalle dem Nationaltheater als Ersatzspielort, bis sie 1952 zum »Haus der sowjetischen Offiziere« und der Weimarhallenpark abgesperrtes sowjetisches Sondergebiet wurde, das erst seit den 1970er Jahren von der Weimarer Bevölkerung wieder genutzt werden durfte. 1974 übernahm die Stadt Weimar die Halle als Kongress- und Veranstaltungszentrum. Eine bereits eingeleitete Sanierung musste 1997 wegen gravierender statischer Probleme gestoppt werden, und es erfolgte der Abriss. Im Kulturhauptstadtjahr 1999 war der Park nach denkmalpflegerischen Gesichtspunkten saniert und eine neue Weimarhalle nach Entwürfen des Architektenbüros Gerkan, Marg und Partner fertiggestellt.

[18] bauhaus museum weimar

Öffnungszeiten unter www.klassik-stiftung.de

Im Frühjahr 2019 wird das bauhaus museum weimar gegenüber dem Gauforum eröffnet. Bisher nur im Provisorium in der Remise am Theaterplatz untergebracht, musste eine endgültige bauliche Lösung für die angemessene Präsentation der Bauhausobjekte gefunden werden. 2012 setzte sich die Berliner Architektin Heike Hanada (in Zusammenarbeit mit Benedict Tonon) unter mehr als 500 Wettbewerbsteilnehmern mit ihrem Entwurf eines minimalistischen Glaskubus auf einem Betonsockel durch. In strenger geometrischer Klarheit präsentieren sich fünf Ebenen, die in zweigeschossigen Räumen ineinander übergehen. Die Besucher können von der Stadtseite durch ein großzügiges Foyer oder von der Parkseite aus über eine große Terrasse eintreten. Auf knapp 2000 Quadratmetern wird die Klassik Stiftung Weimar die einzigartige, über 10 000 Exponate umfassende Sammlung des 1919 von Walter Gropius gegründeten Staatlichen Bauhauses Weimar präsentieren. Hier, an einem der kompliziertesten und sensibelsten Orte der Stadt, entsteht ein lebendiges Museumsquartier. Dafür wurde ein bislang unbebautes Areal zur Erinnerung an den Kämpfer der Résistance, Buchenwald-Häftling und Mitautor der UN-Menschenrechtserklärung in Stéphane-Hessel-Platz umbenannt. Die Grün-, Sport- und Kulturachse des »Kulturprojekts« der Weimarer Republik, das Gauforum als nationalsozialistisches Herrschaftsprojekt und logistisches Zentrum der europäischen Zwangsarbeit sowie das Hochhaus »Langer Jakob« als städtebauliche Antwort der 1970er Jahre in der DDR werden die Nachbarschaft um das Zentrum, das bauhaus museum weimar, als »Topographie der Moderne« bilden.

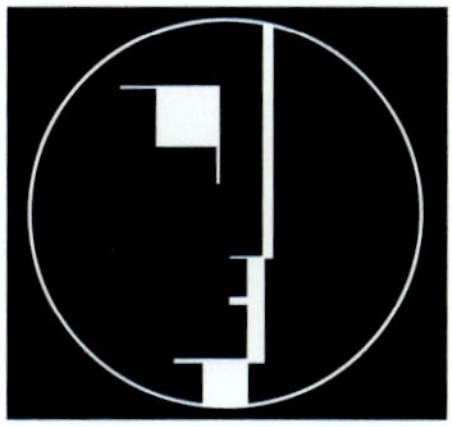

Bauhaus-Logo von Oskar Schlemmer (1922)

bauhaus museum weimar (Animation)

[19] Neues Museum

Öffnungszeiten unter www.klassik-stiftung.de

Auf Anregung von Großherzog Carl Alexander entstand 1869 einer der ersten deutschen Museumsbauten. Die bis dahin nur kümmerlich untergebrachten Kunstsammlungen sollten einen würdigen Ausstellungsort erhalten. Der junge Prager Architekt Josef Zítek entwarf einen überkuppelten Bau im Stil der Neorenaissance, dessen vier Seitenrisalite von gläsernen Zeltdächern überspannt sind; die dazwischen liegenden Fassaden sind aufgelöst durch Rundbogenfenster.

Das Großherzogliche Museum für Kunst und Kunstgewerbe, ab 1903 mit Harry Graf Kessler als Direktor, zeigte Ausstellungen moderner Gegenwartskunst, die aber vom Hof des konservativen Weimar in einhelliger Empörung abgelehnt wurden. Auch nach 1919, als es zum Thüringischen Landesmuseum geworden war, konnten noch Werke der Avantgarde ausgestellt werden. Aber schon 1930, als in Thüringen mit Innen- und Volksbildungsminister Wilhelm Frick erstmalig in der deutschen Geschichte ein NSDAP-Minister regierte und der Erlass »Wider die Negerkultur – für deutsches Volkstum« in Kraft gesetzt wurde, kam es zu empfindlichen Säuberungen der Sammlungsbestände. Massiv eingeschränkt wurde der Museumsbetrieb bis 1937,

Plastik »Großer Geist« von Thomas Schütte (1998)

als NS-Gauleiter und Reichsstatthalter in Thüringen, Fritz Sauckel, den Ostflügel des Landesmuseums als Schaltzentrale nutzte. 1939 sahen innerhalb von einem Monat über 50 000 Menschen die Wanderausstellung »Entartete Kunst«, die hier ergänzt wurde durch die Schau »Entartete Musik«. Hans Severus Ziegler, Generalintendant des Weimarer Nationaltheaters, hatte die Ausstellung, die Komponisten wie Kurt Weill oder Igor Strawinsky und Musik wie Swing und Jazz diffamierte, bereits 1938 in Düsseldorf eröffnet.

Im Zweiten Weltkrieg nur mäßig beschädigt, wurde das Bauwerk in die Liste der denkmalgeschützten Bauten der DDR aufgenommen, verfiel aber nach und nach und der Volksmund nannte es »Taubenschloss«. 1993/98 erfolgte der Wiederaufbau, und im Kulturhauptstadtjahr 1999 wurde das Neue Museum Weimar wiedereröffnet. Kernstücke des Museums sind das Treppenhaus und die im ersten Geschoss gelegene Preller-Galerie, ein Zyklus von 16 Wandgemälden von Friedrich Preller d. Ä. mit Szenen aus der Odyssee.

Die neue Dauerausstellung wird ab 2019 international herausragende Werke des Impressionismus, des Realismus und des Jugendstils zeigen. Im Spannungsfeld der revolutionären Gedankenwelt Friedrich Nietzsches wird den Protagonisten der frühen Moderne in Weimar, Harry Graf Kessler und Henry van de Velde, besondere Würdigung zuteil.

Harry Graf Kessler *1868–1937, Kunstmäzen, Diplomat, Schriftsteller und Kunsthistoriker. Kessler kannte alle, und alle kannten ihn. Als Diplomat leitete er in den letzten Jahren des Ersten Weltkrieges die deutsche Kulturpropaganda in der Schweiz und engagierte sich im Völkerbund. Als Kunsthistoriker gab er bis 1900 den »Pan«, eine der einflussreichsten Kunstzeitschriften, mit heraus. Hugo von Hofmannsthals Libretto zum »Rosenkavalier« entstand unter seiner Mitwirkung, Strauss' Ballett »Josephslegende« geht allein auf ihn zurück. Als sein Hauptwerk gelten die etwa 10 000 Seiten Tagebuch, stilsichere geschliffene Notate.*

Paul Schultze-Naumburg 1869–1949, Architekt, Kunsttheoretiker und Publizist. Schultze-Naumburg wuchs in Naumburg auf, entdeckte früh seine Leidenschaft für die bildende Kunst und begann ein Studium an der Kunstakademie in Karlsruhe. Er gilt als früher Vertreter der Lebensreform (z.B. gehen Entwürfe für weibliche Reformkleidung auf ihn zurück) und als Vorreiter des Heimat- und Denkmalschutzes in Deutschland. Die Moderne und das Bauhaus als Irrweg ablehnend, strebte er das »Eigentliche, Normale, Natürliche« an. Sein Buch »Kunst und Rasse« (1928) ist ein abartiges Zeugnis des Rassenwahns.

[20] Gauforum

Ausstellung *Mo–Fr 9–18 Uhr*

Weimar kam eine Schlüsselposition in der nationalsozialistischen Bewegung zu. Aus diesem Grunde wurde es zur Modellstadt des NS-Städtebaus erkoren. Ein erster Schritt war 1930 die Benennung des linientreuen Architekten und Kunsttheoretikers Paul Schultze-Naumburg zum Direktor der Weimarer Kunsthochschule. Unmittelbar nach der Machtübernahme durch die NSDAP 1933 begann die Suche nach einem geeigneten Standort für ein nationalsozialistisches Herrschaftsforum. Er wurde vor dem Landesmuseum und der Weimarhalle gefunden, und im November 1935 forderte man zehn deutsche Architekten auf, Vorschläge zu erarbeiten. Im Juni des darauffolgenden Jahres erklärte Hitler den jungen Berliner Architekten Hermann Giesler zum Wettbewerbssieger, dessen Entwurf allerdings auf Hitlers Betreiben hin um einen Glockenturm erweitert wurde.

Eine ganze Anzahl Gauforen war in Deutschland geplant, das in Weimar ist jedoch das einzig realisierte. Es umfasste Gebäude für die NSDAP, die Gauführung und -verwaltung sowie die Deutsche Arbeitsfront. Hinzu kamen eine für 20000 Zuschauer konzipierte Halle für die »Volksgemeinschaft« mit einer Krypta für

die »Toten der Bewegung« und der Glockenturm. Alle diese Gebäude sollten einen geschlossenen steinernen Platz für größere Aufmärsche umschließen.

Bevor die Bauarbeiten beginnen konnten, musste der hier fließende Asbach umgeleitet werden, das Asbachtal aufgefüllt und angehoben sowie zahlreiche Altbauten der Jakobsvorstadt abgerissen werden. Insgesamt 150 Häuser konnten infolge einer 1937 erlassenen Enteignungsverordnung niedergelegt werden. Der erste Spatenstich erfolgte am 4. Juli 1936. Zum Bau wurden französische und englische Kriegsgefangene, ab 1941 auch Häftlinge des KZs Buchenwald gezwungen. Wegen des Kriegsverlaufes mussten die Bauarbeiten schrittweise eingestellt werden, aber bei Kriegsende waren sämtliche Rohbauten vollendet. Einzig die »Halle der Volksgemeinschaft« bestand nur aus der Tragwerkkonstruktion, und der Glockenturm hatte seine geplante Höhe von 63 Metern noch nicht erreicht.

Da das Gauforum von den Bomben verschont blieb, konnte die Sowjetische Militäradministration Thüringens unbeschädigte Bauten übernehmen. Hermann Henselmann, seit 1946 Direktor der wiedereröffneten Bauhochschule Weimars, schlug vor, als Denkmal für die Opfer des Nationalsozialismus ein europäisches Kulturzentrum auf dem Platz zu schaffen, aber in der Zeit des beginnenden Kalten Krieges war das ein undurchführbares Unterfangen.

Während seit den 1950er Jahren die bereits fertiggestellten Gebäude des Gauforums für Hochschulen, Behörden und als Studentenwohnheime genutzt werden konnten, herrschte lange Zeit Uneinigkeit, was mit dem Konstruktionsgerüst des »Hauses der Volksgemeinschaft« zu geschehen hatte. Inzwischen nutzen Behörden die farblich unterschiedlich sanierten Seitenflügel, es erfolgte der Ausbau des »Hauses der Volksgemeinschaft« zum Shopping-Center »Weimar atrium« mit Kino, und unter dem nun begrünten Platz liegt eine Tiefgarage. Der einstige Karl-Marx-Platz, dann Weimarplatz, heißt seit 2017 Jorge-Semprún-Platz. Eine kleine Ausstellung im Turm-Haus erläutert die Geschichte des Gauforums.

[21] Jakobskirche

Apr.–Okt.: Mo–Sa 10–16 Uhr, So 11–16 Uhr;
Nov.–März: tgl. 11–14 Uhr

Über die Friedensstraße und die Friedensgasse gelangt man zur Jakobskirche. Anstelle einer ersten Pilgerkirche aus dem 12. Jahrhundert, die in der Folge der Reformation geschlossen, dann als Kornhaus genutzt und wegen Baufälligkeit bis auf die Grundmauern abgerissen wurde, entstand 1713 auf Geheiß von Herzog Wilhelm Ernst die heutige einschiffige Barockkirche. Nachdem der große Brand 1774 die Schlosskapelle zerstört hatte, avancierte die Jakobskirche zur Hofkirche. Nach der Schlacht bei Jena und Auerstedt diente sie 1806 als Lazarett für verwundete preußische Soldaten, sodass Goethe, als er in jenem Jahr seine langjährige Geliebte Christiane Vulpius heiratete, mit der Sakristei vorliebnehmen musste. 1817 erfolgte eine umfassende Renovierung und Umgestaltung im klassizistischen Stil. Der von Hofbildhauer Johann Peter Kaufmann auf dem hochaufragenden Kanzelaltar gestaltete segnende Christus erscheint nach römischem Vorbild lediglich mit Toga bekleidet. Links vor dem Chor befindet sich der Sarkophag des englischen Malers Charles Gore, der mit seinen Töchtern zur Tafelrunde Herzogin Anna Amalias gehörte, 1807 in Weimar starb und im Kassengewölbe beigesetzt wurde. 1820 überführte man seine Gebeine in die Kirche. Mit einem herrlichen Blick über Weimar wird belohnt, wer sich die Mühe macht, die 152 Stufen auf den Kirchturm zu steigen.

Zwanzig Jahre nach der ***Beisetzung Schillers*** *beschloss der Magistrat die Aufhebung des ruinösen Kasssengewölbes. Bürgermeister Schwabe barg vorher 23 Schädel, wählte den größten aus und erklärte ihn zum Haupte Schillers. Im September 1826 erhielt ihn Goethe. Frei von Sentimentalitäten untersuchte er ihn auf der Suche nach dem Zwischenkieferknochen. Aber schon Ende des 19. Jahrhunderts tauchten Zweifel an der Echtheit auf. 1911 barg ein Tübinger Anatom einen zweiten, den »Froriep-Schädel«. Daraufhin wurde ein zweiter unbeschrifteter Sarg in der Fürstengruft aufgestellt. DNA-Analysen ergaben 2008, dass keiner der beiden Schädel Schiller gehörte.*

[22] Jakobskirchhof

Einer der schönsten und verwunschensten Orte in Weimar ist der Jakobskirchhof. Bereits 1370 wurde er als Begräbnisstätte erwähnt. Man findet hier die letzten Ruhestätten von Lucas Cranach d.Ä., Johann Walther, dem Komponisten und »Urkantor« der evangelischen Kirche, Johann Karl August Musäus, Johann Joachim Christoph Bode, Georg Melchior Kraus und Ferdinand Jagemann sowie das lange Zeit verschollen geglaubte Grab von Christiane von Goethe. Als Christiane am Mittag des 6. Juni 1816 starb, war ihr Gatte selbst krank und musste das Bett hüten. Oft wurde ihm dies als Lieblosigkeit ausgelegt. Er notierte in seinem Tagebuch: »Leere und Todtenstille in und außer mir.« Nach einem Trauergottesdienst in der Stadtkirche wurde Christiane in der gleichen Nacht bestattet. Ihr Grab, lange Zeit eingeebnet, wurde erst 1888 wiederentdeckt.

Das einstige Kassengewölbe an der östlichen Friedhofsmauer erhielt seinen Namen von einer Kasse im Sinne eines Gebäudes, einem verschlossenen Behältnis also. Hier wurden bis 1818 angesehene und verdienstvolle Bürger Weimars bestattet, und so trug man auch zwei Tage nach seinem Tod, nachts, wie es in Weimar der Brauch war, Friedrich Schiller zu Grabe. Das heutige Kassengewölbe ist eine Nachbildung von 1927.

[23] Kirms-Krackow-Haus

Apr.–Okt.: Fr 14–17 Uhr, Sa/So 11–17 Uhr

Noch immer gilt das unscheinbare Kirms-Krackow-Haus als Geheimtipp. Die Familie Kirms erwarb den alten vierseitigen Ackerbürgerhof 1701. Franz Kirms, der als rechte Hand Goethes die Verwaltung des Hoftheaters führte, hob sich als gelehrter Blumenliebhaber hervor. Im rückwärtig gelegenen Garten mit dem barocken Gartenhäuschen züchtete er botanische Raritäten, die ihm Herzog Carl August von seinen Reisen mitgebracht hatte. Charlotte Krackow, die Nichte von Kirms, lebte bis 1915 im Haus und pflegte Garten und Anwesen bis zu ihrem Tod. Seit 1917 ist das Anwesen als Museum zugänglich.

Die Anlage präsentiert sich heute wieder weitgehend im Originalzustand und ist eine grüne Oase mit Lauben, Obstspalieren und bunten Blumenrabatten. Im Museum sind die biedermeierlichen Originalmöbel aus der Hinterlassenschaft der Charlotte Krackow zu sehen, die um Rekonstruktionen bürgerlicher Wohnkultur ergänzt wurden. Man sieht sich in eine Puppenstube des idyllischen Alt-Weimars versetzt. Kleine Sonderausstellungen und ein Café machen den Besuch inmitten der Stadt und doch abseits des Trubels zum Genuss.

[24] Herderplatz

Einst teilte die Jakobstraße den Platz in zwei ungleich große Hälften. Die östliche Seite wurde als »Töpfenmarkt« (nicht Töpfermarkt) bezeichnet und war der zentrale Platz der Stadt. Auf der westlichen Hälfte befand sich bis 1530 der städtische Friedhof. Erst 1850 erhielt der Platz mit dem gemütlichen Kleinstadtflair seinen Namen. Während der Sanierungsarbeiten fand man 2012 unter dem Pflaster beinahe eintausend menschliche Skelette aus den letzten eintausend Jahren. Diese wurden nach sorgfältiger Untersuchung in einem Gemeinschaftsgrab auf dem Hauptfriedhof bestattet.

Das ehemalige Wilhelm-Ernst-Gymnasium ist das älteste Schulgebäude der Stadt und gehört wie die Stadtkirche und das Herder-Haus seit 1998 zum UNESCO-Weltkulturerbe. An der 1712 von Herzog Wilhelm Ernst gegründeten Schulanstalt für Begabte, an der Johann Gottfried Herder bis 1803 als Direktor wirkte, unterrichteten u.a. der Schriftsteller Johann Karl August Musäus, der Homer-Übersetzer Johann Heinrich Voß sowie Karl August Böttiger, der gleich hinter dem Schulgebäude wohnte (Jakobstraße 3).

Vor dem Alten Gymnasium steht der Herder-Brunnen, 1832 von Coudray gestaltet, und vor der Stadtkirche schaut Herder auf das Treiben zu seinen Füßen (Ludwig Schaller, 1850).

Johann Gottfried Herder
1744–1803, Theologe, Dichter, Philosoph und Übersetzer. Nach einem Studium der Theologie bei Immanuel Kant in Königsberg erhielt er eine erste Hilfslehrerstelle und war später Hilfsprediger in Riga und Oberhofprediger in Bückeburg, seit 1776 Oberhof- und Stadtkirchenprediger sowie Generalsuperintendent in Weimar. Herder trug wesentlich zur Entwicklung der Sprachwissenschaft bei, seine Liedersammlung »Stimmen der Völker in Liedern« übte Einfluss auf die folgende Romantik aus – auch der Begriff Volkslied stammt von ihm. In seinem bedeutendsten Werk »Ideen zu einer Philosophie der Menschheit« prägte er einen dem Nationalismus fernen Nationenbegriff.

IOH.GOTTFR.v.HERDER
GEB. MOHRUNGEN 25 AUG. 1744
GEST. WEIMAR 18 DEC. 1803
VON DEUTSCHEN ALLER LANDE

[25] Stadtkirche St. Peter und Paul

Apr.–Okt.: Mo–Fr 10–18 Uhr, Sa 10–12/14–18 Uhr; Nov.–März: Mo–Fr 10–12/ 14–16 Uhr, Sa 10–12/ 14–17 Uhr; ganzjährig So 11–12/14–16 Uhr

Die Kirche trägt im Weimarer Volksmund den Namen Herders, der 1776 durch Vermittlung Goethes nach Weimar kam, hier starb und in »seiner« Kirche beigesetzt wurde. 1498 als dreischiffige gotische Hallenkirche errichtet, erfuhr sie in der Mitte des 18. Jahrhunderts einen barocken Umbau. Am 9. Februar 1945 zerstörten Bomben das 19 Meter hohe Steildach; die Gewölbe stürzten ein und zogen so das Innere in Mitleidenschaft. Nach ersten Beräumungsmaßnahmen erfolgte bis 1953 der Wiederaufbau, der auch durch Thomas Mann ermöglicht wurde, der das Preisgeld für den 1949 erhaltenen Goethe-Nationalpreis stiftete.

Das Kircheninnere ist licht, und die barocken Ausstattungsstücke wie die Hofloge mit dem prächtigen sächsischen Wappen (siehe S. 80), die barocke Kanzel und der Orgelprospekt mit den Initialen von Carl August und Herzogin Luise verleihen dem Raum etwas Freundliches. Schon beim Betreten des Mittelschiffes fällt der dreiflügelige Cranach-Altar im Chor ins Auge. Lange nahm man an, das Altargemälde sei von Lucas Cranach d.Ä. in seinem letzten Lebensjahr be-

gonnen und nach seinem Tod von seinem Sohn, Lucas Cranach d.J., vollendet worden. Mithilfe von Infrarotuntersuchungen konnte man jedoch anhand der Linienführung zweifelsfrei nachweisen, dass die zuvor auf dem Retabel aufgebrachten Konturen vom Sohn stammen. Das schmälert den Wert des Gemäldes aber nicht im Geringsten. Dreißig Jahre waren seit der Reformation in Thüringen vergangen, und Luthers Lehre wurde selten so eindringlich dargestellt. In der Mitteltafel, rechts neben dem Gekreuzigten, steht der Reformator selbst, neben ihm Cranach d.Ä. mit gefalteten Händen. Die Außenseiten der Altarflügel zieren Christi Taufe und Himmelfahrt; die Innenbilder stellen links das betende Stifterpaar, Herzog Johann Friedrich I. und seine Gemahlin Sibylle von Jülich-Kleve-Berg, und rechts ihre drei Söhne dar. Der Altar und das im vorderen Chorbereich liegende Doppelgrab des Herzogs und seiner Frau stellen eine Einheit dar, zu der auch die ihnen gewidmete Inschrift auf der Predella gehört. An der Chornordwand hat die Grabplatte für Lucas Cranach d.Ä. Platz gefunden. An der südlichen Chorwand zeigt das als »Lutherschrein« bekannte Triptychon den Reformator als Mönch und Junker Jörg in den Seitenflügeln und als inzwischen wohlgenährten Magister im Mittelteil. Luther hat in der Stadtkirche mehrfach gepredigt, und die Stadt ließ aus Dankbarkeit Kopien bekannter Cranachscher Lutherbildnisse anfertigen.

Lucas Cranach d.J.
1515–1586, Maler der Renaissance. Als Sohn von Lucas Cranach d.Ä. übernahm er 1537 die Werkstatt seines Vaters in Wittenberg, wo er verschiedene Funktionen bis zum Bürgermeister innehatte. Cranach d.J. führte das Werk seines Vaters fort und gilt als der Schöpfer eines neuen protestantischen Bildprogramms. Dabei erlaubte er sich größere kompositorische Freiheiten. So war die sündhaft verführerische Darstellung des nackten Frauenkörpers in seinen Gemälden neu in der Malerei nördlich der Alpen. Bedeutend sind seine realistischen Porträts, die nicht nur Herrscher und gekrönte Häupter zeigen, sondern auch (heute unbekannte) Bürgerliche.

Bereits unmittelbar nach der Reformation 1525 diente die Stadtkirche als fürstliche Grablege. An der Südostwand des Chores findet man als älteste Grabplatte jene für Herzog Wilhelm den Tapferen (1425–1482), die nach der Profanierung des Weimarer Franziskanerklosters 1533 hierher überführt wurde. Weitaus prächtiger sind die großen Renaissance-Gräber aus Alabaster rechts und links des Triumphbogens. Einige kann man Sebastian Gromann zuordnen, einem Sohn des Hofbaumeisters Nicolaus Gromann. Die letzte Regentin, die in der Stadtkirche beigesetzt worden ist, war 1807 Anna Amalia.

Geht man durch das Mittelschiff geradewegs auf die Orgel zu, ein Instrument der Firma Sauer aus dem Jahr 2000, stößt man im Quergang auf die eiserne Platte, die Herders Grab deckt. 1819 wurde sie im Auftrag Carl Augusts in Berlin gegossen. Das Freimaurer-Symbol »Licht Liebe Leben« schmückte Herders Siegelring und stellte seinen Wahlspruch dar.

[26] Deutschritterhaus

*»**Jagemanns Restaurant**« tgl. 11–22 Uhr*

Das vornehme Renaissancegebäude an der Ecke zur Vorwerksgasse wurde um 1200 erstmalig erwähnt. Etwa seit 1221 soll es dem Verwalter der Weimarer Kommende des Deutschen Ordens als Wohnhaus gedient haben. Aus dem 13. Jahrhundert stammen die Gewölbe im Inneren, die prächtige Renaissancefassade entstand im 16. Jahrhundert. Berühmtheit jedoch erlangte es wegen seiner Bewohnerin Caroline Jagemann. Goethe engagierte die Schauspielerin und Sängerin nach einem einzigen Gastspiel in Weimar 1797 vom Fleck weg. Keine zwei Jahre vergingen, und Herzog Carl August hatte sich bis über beide Ohren in den als üppig und blond beschriebenen Bühnenstar verliebt. Nicht nur schenkte er ihr 1808 das Gebäude, er nobilitierte sie außerdem zur Freifrau von Heygendorff, was in den Salons der Stadt hämisches Getuschel auslöste, und erhob sie in den Intendantenrang am Hoftheater.

1966 eröffnete hier die HO, die Handelsorganisation der DDR, die erste einer Kette als »Gastmahl des Meeres« bezeichneter Fischgaststätten des Landes. Seit 2013 verwöhnt »Jagemanns Restaurant« seine Gäste mit Thüringer und mediterranen Köstlichkeiten.

Caroline Jagemann von Heygendorff
1777–1848, Schauspielerin und Sängerin. Meist zunächst als Mätresse des Herzogs Carl August genannt, war die Jagemann doch eine der bedeutendsten tragischen Schauspielerinnen und Sängerinnen ihrer Zeit. Geboren in Weimar, ausgebildet bei Iffland in Mannheim, verfügte sie über ein selten breites Repertoire. Seit 1797 in Weimar engagiert, spielte sie u.a. die Elisabeth in »Maria Stuart« und die Beatrice in der »Braut von Messina«. Neben Carl August, der sie 1809 adelte, verliebte sich auch Arthur Schopenhauer heftig und unglücklich in sie. Nach dem Tod Carl Augusts, nun auch mit Stimmproblemen geplagt, zog sie sich 1828 nach Dresden zurück.

KIRMS-KRACKOW-HAUS
GOETHES WOHNHAUS
SCHILLERS WOHNHAUS
MARKT / RATHAUS

[27] Stadtschloss

Voraussichtlich bis 2021 geschlossen

Auch das Stadtschloss gehört im Ensemble »Klassisches Weimar« zum UNESCO-Weltkulturerbe. Wie so oft kann man auch hier an den unterschiedlichen Bauteilen eine verwickelte Geschichte ablesen. Werke mehrerer Baumeister aus verschiedenen Epochen schließen sich aneinander. Besiedelt war das Gebiet schon seit dem 6. Jahrhundert, und um 949 ist die Existenz einer Wasserburg des Grafen Wilhelm von Weimar belegt. Die Grafen waren das mächtigste Geschlecht in Thüringen, dessen Einflussgebiet bis nach Istrien und Kärnten reichte. Aber die hölzerne Wasserburg brannte im 13. Jahrhundert ab. Nun kamen erstmals die Wettiner ins Spiel. Unter den führenden deutschen Dynastien gelang es ihnen in besonderem Maße, ihre Territorien und Machtbereiche auszudehnen. Die Wettiner errangen um 1300 auch die Landgrafschaft Thüringen und bauten die Weimarer Burg wieder auf. Aber erst Wilhelm der Tapfere hielt sich längere Zeit in der Stadt auf und ließ zu diesem Zweck eine steinerne Burg errichten. 1439 war der Neubau fertig und konnte bezogen werden. Aus dieser Epoche stammen der untere Teil des Hausmannsturms – in ihm lag die Wohnung des Türmers, auch Hausmann genannt – und die auch heute noch existierende Bastille mit dem sächsischen Wappen über dem Portal.

1618 verursachte eine Explosion in der Alchemistenküche des nun »Hornstein« genannten Schlosses einen verheerenden Brand. Bereits nach einem Jahr wurde mit dem Wiederaufbau begonnen, der unter dem kunstsinnigen Herzog Wilhelm IV. vollendet wurde. Der Barockbaumeister Johann Moritz Richter d.Ä. errichtete eine dreiflügelige Anlage, die »Wilhelmsburg«. Ungeheuren Eindruck hinterließ bei Zeitgenossen die »Himmelsburg« genannte Kapelle. Über dem Kirchenschiff, nur durch ein Oberlicht verbunden, erhob sich eine kleine Capella, in der sich die Orgel befand. Den Gottesdienstbesuchern muss es vorgekommen sein, als vernähmen sie die Klänge der himmlischen Heerscharen – den Organisten hingegen, darunter Johann Sebastian Bach, froren im Winter die Finger.

Im Jahre 1728 bekam der Turm seine barocke Haube, die nach wie vor ein Wahrzeichen Weimars ist, aber keine fünfzig Jahre später brannte die gan-

Klassisches Weimar
»Die große kunsthistorische Bedeutung öffentlicher und privater Gebäude und Parklandschaften aus der Blütezeit des klassischen Weimar« und seine herausragende Rolle als Geisteszentrum des 18. und 19. Jahrhunderts waren für die UNESCO-Kulturerbekommission Anlass genug, 1998 dreizehn Objekte als Ensemble »Klassisches Weimar« in die Liste des Weltkulturerbes aufzunehmen: Goethe-Nationalmuseum und Gartenhaus, Schillers Wohnhaus, Wittumspalais, Herzogin Anna Amalia Bibliothek, Römisches Haus, Stadtschloss, Schloss Belvedere, Schloss Tiefurt, Schloss Ettersburg, Park an der Ilm, Stadtkirche St. Peter und Paul und der Historische Friedhof mit Fürstengruft.

Links: Torhaus, Bastille und Hausmannsturm

*Dass das Weimarer Schloss 1774 einer **Brand**stiftung zum Opfer fiel, wie lange gemutmaßt wurde, ist heute auszuschließen. Drei Jahre zuvor hatte Herzogin Anna Amalia den »Hebammengroschen« für den Bau eines Geburtshauses eingeführt. Die Bevölkerung lehnte die Steuer ab, es kam zu tumultartigen Protesten. Just in dieser Zeit brannte das Schloss ab. Die herzogliche Familie forderte strengste Untersuchungen, aber kein Schuldiger ward gefunden. So einigte man sich denn auf einen Blitzschlag, obwohl sich inzwischen ergeben hat, dass ein defekter Kamin in der Küche die Brandursache gewesen war.*

ze Herrlichkeit wieder ab. Ein defekter Kamin im Westflügel verursachte am 6. Mai 1774 einen Schwelbrand, dem eine verheerende Feuersbrunst folgte. Die in dieser Zeit in Vertretung ihres noch nicht volljährigen Sohnes regierende Herzogin Anna Amalia zog mit ihren Kindern zunächst nach Belvedere, später in das Wittumspalais.

Im Jahr darauf übernahm Herzog Carl August die Regierungsgeschäfte, und Goethe kam nach Weimar. Vom Schloss sah er nur »gräuliche Ruinen«, nur einige wenige übriggebliebene Gebäude. Mit den Jahren verschlangen die Sicherungsmaßnahmen der Ruinen so große Mittel, dass sich Carl August 1789 entschloss, mithilfe einer Schlossbaukommission, zu der auch Goethe gehörte, den Auf- und Ausbau zu wagen. 1803 konnten die neuen Räume im Ostflügel von der herzoglichen Familie bezogen werden.

Nun tobte aber in Europa wieder Krieg. Der Herzog kämpfte im Rang eines preußischen Generalmajors gegen Napoleon, und die weiteren Baumaßnahmen stockten. Nicht nur aus politischen Beweggründen hatte sich 1804 Erbprinz Carl Friedrich aus dem fernen St. Petersburg eine Gemahlin geholt: Großfürstin Maria Pawlowna, die Schwester des russischen Zaren. Das junge Paar bezog den Nordflügel des Schlosses. Maria Pawlowna ist die weitere Gestaltung des Westflügels ab 1835 unter Coudray zu danken. Vier Dichterzimmer ließ sie zu Ehren Goethes, Schillers, Wielands und Herders von Weimarer Künstlern ausmalen.

Die Bauarbeiten konnten erst 1914 mit der Errichtung des Südflügels abgeschlossen werden. Der letzte Großherzog, Wilhelm Ernst, unterschrieb am 9. November 1918 seine Abdankungsurkunde. Daraufhin residierte vom 6. Februar bis zum 21. August 1919 die erste republikanische Regierung Deutschlands im Schloss. 1923 zogen die Staatlichen Kunstsammlungen in die Räume, und die Privatgemächer und Kunstsammlungen der Großherzöge sind seitdem als Museum der Öffentlichkeit zugänglich.

Das Treppenhaus, der Festsaal, die Spiegelgalerie, das Zedernzimmer und die Falkengalerie gelten als einzigartig schöne Raumgestaltungen des frühen deutschen Klassizismus. Eingebettet in die historischen Schlossräume mit ihrer originalen Einrichtung präsentieren sich die wertvollen Kunstschätze, darunter die bedeutende Sammlung der Bilder Lucas Cranachs d. Ä., russische Ikonen, Werke niederländischer Maler, eine berühmte Romantiker-Sammlung mit Gemälden von Philipp Otto Runge, Georg Friedrich Kersting und Caspar David Friedrich sowie eine Sammlung Weimarer Künstler.

Ab August 2018 wird das Schloss einer Generalsanierung und Neukonzeption unterzogen. Es soll Ende 2021 wiedereröffnet werden.

Brunnen im Schlosshof

Goethe-Zimmer

[28] Das »Resi«

8–22 Uhr

Eigentlich heißt es ja »Residenzcafé«, aber wer diesen Namen gebraucht, outet sich als Nichteingeweihter. Man geht ins »Resi«, man trifft sich dort, hält Hof, arbeitet, liest und lässt sich sehen. 1839 gründete es der Hofkonditor Ißleib. Es gibt ein Goethe-Zimmer mit einem originalen Kachelofen – tatsächlich Goethes Stube in seiner ersten Wohnung in Weimar, in der er 1776 knapp ein Jahr lang wohnte und die 1932 durch einen Wanddurchbruch dem Café angegliedert wurde. Auch sonst schmückt man sich mit den Namen zahlreicher prominenter Gäste; selbst Marlene Dietrich wird genannt, die in Weimar nicht eben erfolgreich das Geigenspiel erlernte und zum Eisessen kam.

[29] Gelbes Schloss

Gegenüber dem »Resi« steht das 1704 als Witwensitz für Dorothea Sophie, die Gemahlin von Herzog Johann Ernst III., erbaute Gelbe Schloss. Bach kam oft zu Besuch und gab dem Prinzen Johann Ernst IV. Musikunterricht, und der Dramatiker August von Kotzebue wurde hier geboren. Seit 1920 residierte im Schloss das Thüringer Finanzministerium, und die Großbuchstaben »CDSDSLHH« über dem Portal an der Nordfassade verleiteten die Weimarer zu folgender Deutung: »Carl, du sollst deine Steuern längst hergebracht haben!« Im Februar 1945 zerstörten Bomben das mehrfach umgebaute barocke Kleinod bis auf die Umfassungsmauern. Nach dem Krieg wiederaufgebaut, aber in seiner Struktur völlig verändert, weist es heute nur noch das Löwenportal an der Nordfassade aus der Barockzeit auf – dies aber zu einem Fenster mit Balustrade geschlossen.

Seit 1998 sind das Gelbe wie auch das Rote Schloss im Besitz der Klassik Stiftung Weimar. In einer gigantischen Umbaumaßnahme entstand bis 2005 das Studienzentrum der Herzogin Anna Amalia Bibliothek, wobei die beiden Schlösser und die Neue Wache verbunden wurden. Die Architekten Hilde Barz-Malfatti und Karl-Heinz Schmitz von der Bauhaus-Universität Weimar stellten eine organische Verbindung zwischen Renaissance, Barock und Klassizismus her, deren Kernstück im Innenhof ein mächtiger quadratischer Bücherkubus ist (siehe Abb. S. 55). Vier Stockwerke hoch, von einem imposanten Glasdach überwölbt und mit Ahorn- und Kirschholz ausgestattet, stellt er das zeitgenössische Pendant zum zierlichen Rokokosaal in der Bibliothek dar.

Von 1776 bis 1785 hatte Goethe als Mitglied des ***Geheimen Conciliums****, zunächst als Geheimer Legationsrat, seit 1779 als Geheimer Rat, direkten Anteil an den Staatsgeschäften des Herzogtums. Das Concilium tagte ein- bis zweimal pro Woche. Herzog Carl August nahm bis 1786 an den Sessionen teil. Das Concilium entschied Fragen, die das Fürstenhaus, die Außenpolitik, die Personal- und Etatpolitik sowie die Universität Jena betrafen. Als zentrales Regierungsorgan stand es über allen Fachkollegien und fungierte als Vermittler zwischen diesen und dem Herzog. Goethe nahm an insgesamt 516 Sessionen teil.*

[30] Rotes Schloss

Eigentlich ist das Schloss graugrün, aber wegen seiner roten Fensterrahmen erhielt es seinen Namen. 1576 errichtete man das Schloss als Alterssitz für die Witwe von Johann Wilhelm I., Dorothea Susanna. Später beherbergte es die auf Anregung Friedrich Justin Bertuchs eröffnete Zeichenschule, deren erster Direktor der Frankfurter Maler und Zeichner Georg Melchior Kraus war. Ein Jahr lang unterrichtete hier auch Goethe seine Schüler in der Anatomie des Menschen. Im zweiten Stock des Westflügels lag die Stube zur Abhaltung der »Geheimden Raths-Sessionen«, also der Sitzungen des Geheimen Conciliums. Erhalten geblieben ist das prächtige Renaissance-Portal mit dem Wappen des Herzogtums Sachsen-Weimar im Giebelfeld. 1808, als man den Fürstenplatz (heute Platz der Demokratie) umgestaltete, riss man den Ostflügel des Schlosses mit den Holzställen ab.

[31] Bach-Büste

An der Südseite des Roten Schlosses findet man eine von Bruno Eyermann geschaffene Bronzebüste Johann Sebastian Bachs. 1708 kam Bach als Hoforganist nach Weimar. Herzog Wilhelm Ernst von Sachsen-

Weimar (1662–1728), sein neuer Dienstherr, war ein ebenso aufrechter wie steifnackiger Protestant, der täglich mehrere Betstunden abhielt, mit Argusaugen über Zucht und Sitte am Hofe wachte und seine Diener nach den Predigten examinierte. Dies kam Bach gerade recht, auch sein kompositorischer Schwerpunkt lag auf religiöser Musik.

Johann Sebastian Bach 1685–1750, Komponist und Kantor. In Weimar wurden seine Söhne Wilhelm Friedemann und Carl Philipp Emanuel geboren, wichtige Kantaten und Orgelwerke entstanden. 1714 erhob ihn der Herzog zum Konzertmeister – allein, der finanziell dringend benötigte Rang des Hofkapellmeisters wurde Bach verwehrt. Als es ihm gelang, mit dem Fürsten Leopold von Anhalt-Köthen einen günstigeren Vertrag auszuhandeln, arretierte ihn sein Weimarer Arbeitgeber und ließ ihn vier Wochen wegen »Halßstarrigkeit« in der Landrichterstube schmoren. Bach hat Weimar diese Schmach nie verziehen und verließ die Stadt 1717.

[32] Carl-August-Denkmal

Den Mittelpunkt des 1946 in Platz der Demokratie umbenannten Fürstenplatzes bildet das Reiterstandbild Carl Augusts von Sachsen-Weimar-Eisenach. Als Freund und Gönner Goethes gelang es ihm, bedeutende Geister nach Weimar zu locken und damit den Wirkungskreis seines nicht eben großen Herzogtums um ein Vielfaches zu erweitern. Ein halbes Jahrhundert lang war er die zentrale Figur der Stadt, und aus Anlass seines 100. Regierungsjubiläums wurde am 3. September 1875 ein bronzenes Reiterstandbild enthüllt. Geschaffen hatte es der aus Weimar stammende Bildhauer Adolf Donndorf. Er stellte Carl August, 1814 als Sieger aus den Freiheitskriegen heimkehrend, in preußischer Generalsuniform dar. Nach dem berühmten Vorbild, dem Marc-Aurel-Denkmal auf dem römischen Kapitol, krönt ihn ein Lorbeerkranz.

[33] Fürstenhaus

Hochschule für Musik
Auf beharrliches Betreiben von Franz Liszt, der für die neue Musik eine große Zahl an hochqualifizierten Orchestermusikern forderte, wurde 1872 in Weimar die erste Orchesterschule Deutschlands gegründet. Bald kam auch Unterricht in den Fächern Klavier, Dirigieren, Gesang, Oper, Theater und Komposition hinzu. 1948 entstand zudem eine eigene musikwissenschaftliche Abteilung. Heute an vier Standorten im Stadtzentrum sowie im Schloss Belvedere verteilt, absolvieren über 800 Studenten ihre musikalische Ausbildung. Bedeutende Lehrer waren Hermann Abendroth, Ottmar Gerster und Rolf-Dieter Arens.

Das Fürstenhaus wurde noch unter Herzogin Anna Amalia als Sitz der Finanzkasse der Landstände errichtet. Landbaumeister Johann Gottfried Schlegel entwarf einen streng gegliederten, dreistöckigen, klassizistischen Bau – erst 1889 erhielt er seinen gewaltigen Vorbau mit sechs korinthischen Säulen. Aber im Jahr der Fertigstellung 1774 brannte das damals »Wilhelmsburg« genannte herzogliche Schloss ab. Im Jahr darauf bezogen der junge Herzog Carl August, gerade volljährig geworden und damit neuer Regent, und seine Gattin, die Darmstädter Prinzessin Luise, die erste und zweite Etage des Fürstenhauses. Die Finanzkasse musste anderweitig untergebracht werden. Als endlich 1803 das neue Stadtschloss fertiggestellt war, ließen sich zunächst die Fürstliche freie Zeichenschule und ihr Direktor Johann Heinrich Meyer in einigen Räumen des Fürstenhauses nieder. Aber hauptsächlich diente das Gebäude in der Folge Regierungszwecken. Der sächsisch-weimarische und der thüringische Landtag traten hier zusammen, und nach 1933 regierten von hier aus die SS und das Innenministerium Thüringens, die Gauleitung der NSDAP und der Reichsstatthalter Thüringens. Seit 1951 hat die Hochschule für Musik »Franz Liszt« ihren Hauptsitz im Fürstenhaus.

Hinter dem Fürstenhaus, an der Ecke zur Puschkinstraße, kann man Weimars berühmtesten Baum besichtigen – den Goethe-Ginkgo. Natürlich hat ihn nicht Goethe selbst gepflanzt, sondern der damalige Belvederer Hofgärtner Johann Conrad Sckell, der die Gattung Ginkgo biloba während einer Studienreise kennengelernt hatte. Nach einigen Vermehrungsversuchen pflanzte er 1820 auf Goethes Geheiß den Ginkgo hinter das Fürstenhaus. Das bereits 1815 entstandene Goethe-Gedicht »Gingo biloba« (so geschrieben in der Erstfassung, um den harten Konsonanten zu vermeiden) kann also nicht von diesem Baum angeregt worden sein, aber dennoch zieht er Touristen aus aller Herren Länder an. Ein Trost bleibt: Unter den etwa 90 Ginkgo-Bäumen Weimars ist dieser der älteste.

[34] Herzogin Anna Amalia Bibliothek

***Rokokosaal** Di–So 9.30–14.30 Uhr (limitierte Besucherzahl), **Renaissancesaal** Di–So 9–17 Uhr*

Bereits Herzog Wilhelm Ernst verfügte am Ende des 17. Jahrhunderts über eine Sammlung von über fünfhundert bibliophilen Kostbarkeiten. Die Kollektion wuchs an, bis sie in der Mitte des 18. Jahrhunderts über 30 000 Bände zählte. Diese Bibliothek wurde 1766 un-

Bücherkubus im neuen Studienzentrum der Herzogin Anna Amalia Bibliothek

ter Herzogin Anna Amalia in das Grüne oder Französische Schlösschen verbracht, das zuvor nach Plänen des Landesbaumeisters August Friedrich Straßburger zu einer Bibliothek umgebaut worden war. Besonders der dreigeschossige Rokokosaal – inspiriert von der Bibliotheksrotunde in Wolfenbüttel, Anna Amalias Geburtsort – ist von eindrucksvoller Schönheit. Über einer Grundfläche von nur 21 x 11 Metern erhebt sich ein von zwölf Pfeilern und einer Brüstung umrandetes Oval, in dessen Decke eine weitere ovale Öffnung den Blick in das dritte Geschoss lenkt. In lichtem Blau mit vergoldeten Kapitellen und Verzierungen erstrahlen die Wände, in deren Nischen und Durchgängen Bücherregale, Büsten und Gemälde angebracht sind. Der wahre Schatz aber, über 40 000 historische Bücher, steht auch heute noch in der Anordnung von 1850. Bereits in der Regierungszeit Anna Amalias kam jedermann in den Genuss kostenloser Ausleihe – nur Gymnasiasten unterlagen dem strengen Verbot, Bücher mit in die Schule zu nehmen. 1805 entstand ein Verbindungsbau zwischen der Bibliothek und dem »Dicken Altan an der Ilm«, einem Turm der einstigen Stadtbefestigung, der auf Anregung Goethes 1825 zum Büchermagazin umfunktioniert wurde. 1844 ließ der Großherzogliche Oberbaudirektor in Weimar, Clemens Wenzeslaus Coudray, das Bibliotheksschloss um zwei Achsen erweitern, und fünf Jahre später konnte anlässlich des 100. Geburtstages von Goethe die vergrößerte Bibliothek feierlich eröffnet werden.

Ein einfacher Kabelbrand zerstörte den 1991 in Herzogin Anna Amalia Bibliothek umbenannten Schatz in der Nacht vom 2. auf den 3. September 2004, nur kurze Zeit vor der dringend notwendigen und aufwendig geplanten Grundsanierung. Dem Feuersturm fielen rund 50 000 Bücher und Musikhandschriften von unermesslichem Wert zum Opfer. In einer einzigartigen Aktion konnten Zehntausende von Büchern gerettet werden, darunter die Luther-Bibel von 1534, aber über 60 000 Bände erlitten Wasser-, Hitze- oder Brandschäden. Dank gewaltiger Anstrengungen und einer seltenen Einigkeit im Lande konnte die Bibliothek in nur drei Jahren wiederaufgebaut werden. Heute erstrahlt sie in neuem Glanz, und nach und nach kehren die beschädigten Bücher aus den Restaurierungswerkstätten zurück und füllen die Lücken in den Regalen. Eine Ausstellung über die Bücherrettung im Eingangsbereich des Erdgeschosses kann jederzeit besichtigt werden.

»Dicker Altan an der Ilm«
Aus konservatorischen Gründen ist die berühmte Wendeltreppe im Bibliotheksturm (Abb. siehe S. 62), ein kunsthandwerkliches Meisterwerk, nicht zugänglich. Der Legende nach soll 1670 im thüringischen Weida ein Zimmermann seine Braut Margarete gegen einen lüsternen Junker verteidigt und ihn getötet haben. Das Todesurteil gegen ihn wurde abgewendet, nachdem er aus einem einzigen Baumstamm eine Treppe gezimmert hatte. Bis 1818 stand diese in einem Turm der Weidaer Osterburg und wurde dann nach Weimar transportiert. Goethes Sohn, der Kammerrat August von Goethe, war für die Maßnahme verantwortlich. Für den Abbau und den Transport mussten die Weidaer aber auch noch 124 Taler bezahlen.

Links: Rokokosaal

Shakespeare-Denkmal
Bereits 1901 verkündete die Shakespeare-Gesellschaft, man habe sich zur Errichtung eines Standbildes entschlossen. 50 000 Mark kamen in Sammlungen zusammen, nun galt es, einen repräsentativen Standort zu finden. Der Markt kam nicht in Frage, der Theaterplatz war schon besetzt. Der Berliner Bildhauer Otto Lessing wurde beauftragt, und am heutigen Standort fand 1904 ein marmornes Denkmal Aufstellung, dessen Gesichtsausdruck je nach Perspektive wechselt. 1950 reichte es: nach fortwährendem Vandalismus – mal fehlte ein Bein/Fuß/Rolle/Kinn – wurde Shakespeare an einen bewachten Ort versetzt: vor die Bastille des Schlosses. Dort blieb er bis 1964. Zum 400. Geburtstag wurde er in einem großen Staatsakt zurück in den Park transportiert.

[35] Park an der Ilm

Der ganzjährig frei zugängliche Park gehört zu den schönsten Landschaftsgärten Deutschlands (Karte siehe Umschlag). Als Goethe 1776 nach Weimar übersiedelte, existierten drei Gärten, deren Zugang einzig dem Hof vorbehalten war. Bis 1786 gestalteten die beiden glühenden Naturliebhaber Herzog Carl August und Goethe einen englischen Park, beeinflusst von den wenige Jahre zuvor angelegten Wörlitzer Anlagen und Rousseaus Diktum von der »Rückkehr zur Natur«. Nach Vollendung des Parks standen die Wege und Brücken für jedermann offen. Es gab nur eine Einschränkung: das Rauchen war streng verboten.

Der Spaziergang durch den Park beginnt an der **Pompejanischen Rundbank** neben der Bibliothek. 1799 aufgestellt, erinnert sie an die Italienreise der Herzogin Anna Amalia, die von ihrem Reisebegleiter Johann Heinrich Wilhelm Tischbein in Pompeji auf einer solchen Bank gemalt worden war. Linker Hand gelangt man, vorbei am ehemaligen herzoglichen Reithaus, zur Büste des Dichters **Louis Fürnberg** (Martin Reiner, 1961) und am nördlichen Zipfel des Parks zum Denkmal des polnischen Nationaldichters und Goethe-Verehrers **Adam Mickiewicz** (Gerhard Thieme, 1956). Über die **Sternbrücke**, die älteste erhaltene Brücke Weimars, erreicht man das östliche Ilmufer. Vorbei an der **Sphinxgrotte** an der Quelle des Leutra-Baches, mit der Kopie einer 1786 von Martin Gottlieb Klauer geschaffenen Sphinx, deren Original sich im Römischen Haus befindet, gelangt man zur Kopie des 1912 von dem Dichter Ernst von Wildenbruch gestifteten **Euphrosyne-Denkmals**.

Als Goethe 1776 das wenige Schritte entfernt liegende **Gartenhaus** bezog, war die Gegend noch stark verwildert. Den Erwerb finanzierte ihm Herzog Carl August, ließ aber aus Rücksichtnahme den Anschein erwecken, als habe Goethe es selbst gekauft. Bis 1782 lebte dieser fast ausschließlich hier vor den Toren der Stadt und legte den Garten in seiner heutigen Dreiteilung an: einen parkähnlichen Hang hinter dem Haus, die Obstwiese und den Gemüsegarten, aus dem er sich selbst versorgte. Einerseits lebte er hier mit seinem Diener Philipp Seidel in herrlicher Zurückgezogenheit in der Natur, andererseits vollzog sich hier seine Wandlung vom wilden Dichterrowdy zum Staatsmann, die ihn zum Umzug an den Frauenplan bewog. In den beiden Geschossen sind die Räume in der originalen

Rechts: Shakespeare-Denkmal

WILLIAM
SHAKESPEARE

Goethes Gartenhaus

Aufteilung, jedoch nur zum Teil noch mit Goethes Mobiliar ausgestattet (Apr.–Okt.: Di–So 10–18 Uhr; Nov.–März: Di–So 10–16 Uhr). Das am Hang befindliche Pogwisch-Haus, ein ehemaliges Weinberghaus aus dem frühen 18. Jahrhundert, war zwischenzeitlich an den Verleger und Goethe-Sammler Anton Kippenberg vermietet und dient heute der Klassik Stiftung Weimar als Gästehaus.

Nun hat man entweder die Möglichkeit, bis zur **Schaukelbrücke** etwa 600 Meter weiter in südlicher Richtung zu gehen, um die Ilm zu überqueren, oder über die **Duxbrücke** auf die andere Flußseite zu gelangen. Die Brücke wurde 1818 von Coudray errichtet, um direkt von Goethes Gartenhaus zum Römischen Haus zu gelangen. Nach wenigen Schritten gelangt man zum **Löwenkämpferportal**, einem sogenannten Mundloch. Mundlöcher sind in der Bergmannssprache oberirdische Stolleneingänge. Der Gang, in den das Portal führt, endet nach wenigen Metern. Die Einfassung stammt von Coudray (1817).

Steigt man nun eine kleine Treppe hinauf, sieht man sich dem mächtigen Unterbau des **Römischen Hauses** gegenüber. 1791–1797 entstand nach Plänen Goethes das tempelartige Bauwerk als Refugium für Herzog Carl August. Der Herzog ließ Goethe freie Hand, und so flossen Inspirationen, die er während seiner Italienreise empfangen hatte, in den Bau und dessen Innengestal-

Schlangenstein

tung ein. Von der einstigen Ausstattung ist nichts mehr vorhanden, die Räume sind leer. Eine Ausstellung im Untergeschoss dokumentiert die Entwicklung des Parks im 18. Jahrhundert (Apr.–Okt.: Mi–Mo 10–18 Uhr).

Vorbei am **Dessauer Stein**, errichtet zur Erinnerung an den Erbauer des Wörlitzer Parks, Fürst Leopold III. Friedrich Franz von Anhalt-Dessau, sowie an den Denkmälern für den ungarischen Poeten und Goethe-Verehrer **Sándor Petőfi** und für **Franz Liszt** gelangt man zur Künstlichen Ruine und dem Shakespeare-Denkmal, an dem zu jedem Geburtstag des englischen Dramatikers um 8.30 Uhr Rosen drapiert werden. Nur wenige Schritte weiter befindet sich das **Borkenhäuschen**. Am Namenstag der Herzogin Luise, dem 9. Juli 1778, wurde ein rauschendes Fest im Park gefeiert. Dazu errichtete Goethe ein rundes Holzhäuschen, das außen mit Borke verkleidet wurde. In die zunächst Luisenkloster genannte Einsiedelei zog sich Herzog Carl August später gern zurück, übernachtete hier und nahm am Morgen ein erfrischendes Bad in der kalten Ilm.

Über die Ilm führt die Floß- oder **Naturbrücke** (1647). In ihrer Nähe erwartete Christiane Vulpius Goethe, um ihm ein Bittschreiben ihres Bruders auszuhändigen. Für Goethe hatte die Brücke aber noch eine andere Bedeutung. Von ihr stürzte sich 1778 die liebeskranke siebzehnjährige Albertine von Laßberg in den Tod. In Weimar sorgte der Fall für großes Aufsehen,

*Das sogenannte **Pogwisch-Haus** erhielt seinen Namen von der Familie seiner Besitzerin ab 1806, Eleonore Maximiliane Ottilie Henckel von Donnersmarck, Oberhofmeisterin bei Großherzogin Maria Pawlowna und Großmutter von Ottilie von Pogwisch, der Ehefrau August von Goethes. Diese preußische Dame unterhielt eine geheime Leidenschaft für erotische Bücher, weshalb Großherzog Carl August, der diese Vorliebe teilte, ihr seine Sammlung schenkte. Der Bücherschatz wurde nach ihrem Tod der Weimarer Hofbibliothek einverleibt. Im Pogwisch-Haus lebte ab 1847 auch der Bewahrer der Goethe-Hinterlassenschaften, Walther von Goethe.*

Römisches Haus, Ansicht vom Park

raunte man doch, das junge Fräulein habe ein Exemplar des »Werthers« bei sich gehabt. In Erinnerung an das Unglück ließ Goethe das **Nadelöhr**, ein Felstor nahe der Brücke, in den Stein hauen.

Ebenfalls eine Ruine, allerdings keine künstliche, ist das **Tempelherrenhaus**, 1787 aus einem ehemaligen Orangenhaus zum herzoglichen Teehaus umgebaut. Seinen Namen erhielt es nach vier hölzernen Tempelherrenfiguren von Martin Gottlieb Klauer. Der Turm wurde erst 1816, vermutlich nach Plänen Goethes, angebaut. 1821 erfolgte der Umbau des Gebäudes zum Sommersitz der großherzoglichen Familie und erhielt dabei seine gotische Gestalt. Seit dem Bombenangriff am 9. Februar 1945 steht nur noch die Ruine. Links liegt der **Sowjetische Ehrenfriedhof**, auf dem 640 sowjetische Soldaten ihre letzte Ruhestätte fanden.

Kurz bevor man den Park verlässt, passiert man noch den Eingang der **Parkhöhle**, einen 1796 entstandenen, in zwölf Metern Tiefe liegenden Stollen, der als Abwassersystem für eine Brauerei gegraben worden war. Bis zum Zweiten Weltkrieg war das unterirdische Reich in Vergessenheit geraten, diente dann der Wehrmacht als Bunker und sollte nach dem Krieg eigentlich gesprengt werden. 1999 wurden das Stollensystem und ein kleines darin befindliches Museum der Öffentlichkeit zugänglich gemacht (Apr.–Okt.: Mi–Mo 10–18 Uhr; Nov.–März: Mi–Mo 10–16 Uhr).

»Dicker Altan an der Ilm«

[36] Liszt-Haus

Apr.–Okt.: Mi–Mo 10–18 Uhr;
Nov.–März: Mi–Mo 10–16 Uhr

Bereits 1842 wurde der berühmte Klaviervirtuose und Komponist Franz Liszt zum großherzoglichen Kapellmeister ernannt. Brach mit der Berufung Johann Nepomuk Hummels 1819 in Weimar eine zweite große künstlerische Ära an, verbreitete sich der Ruhm der Stadt als modernes Musikzentrum mit dem Antritt Liszts in ganz Europa. Liszt jedoch kam seiner Pflicht, pro Winterhalbjahr drei Monate in Weimar zu verbringen, ungern und nur unregelmäßig nach. Zur Hälfte wurde sein Salär aus der Privatschatulle von Maria Pawlowna bezahlt. Es folgten Jahre des Triumphes, in denen Liszt in Weimar nicht nur wichtige Klavier- und sinfonische Werke komponierte, sondern auch zeitgenössische Komponisten aufführte. Mit seiner Geliebten, der russischen Großfürstin Carolyne zu Sayn-Wittgenstein, lebte er in der Altenburg (Jenaer Straße 3). Da die Großfürstin noch anderweitig verheiratet war, hatte die Weimarer Gesellschaft Gelegenheit, sich die Mäuler zu zerreißen, sodass Liszt 1861 nach Rom aufbrach, um die Ehe mit Carolyne zu schließen. Aus vielerlei, zum Teil undurchsichtigen Gründen kam es nicht dazu, was Liszt bewog, nach längerem Aufent-

Franz Liszt
1811–1886, ungarischer Pianist, Komponist, Dirigent und Musikpädagoge. Liszt galt zunächst als Klavierwunderkind, später als Star, der in umjubelten Tourneen durch ganz Europa zog und die Zuschauer mit auswendigem Spiel und »Liszt-Geklingel« in den Bann zog. Sein Privatleben war skandalös, was seinen Ruhm noch vervielfachte. Dennoch war er einer der fruchtbarsten Komponisten: 123 Klavierwerke, 77 Lieder, 25 Orchesterwerke, 65 geistliche und 28 weltliche Chorwerke stammen aus seiner Feder. Liszt war ein Wegbereiter der »sinfonischen Dichtung« der Neudeutschen Schule, in der die Musik zum erzählerischen Medium wurde.

halt in Rom und der Weihe zum niederen Priester 1869 allein nach Weimar zurückzukehren. Großherzog Carl Alexander hatte den Komponisten, von dessen Wirken er sich für seine Residenzstadt einen über die Landesgrenzen hinausgehenden Ruf als Musikstadt erhoffte, mit einem festen Gehalt von 1200 Talern gelockt. Liszt, der des Starrummels inzwischen müde war, nahm die Einladung gern an. In einem ehemaligen Hofgärtnerhaus, um 1800 errichtet und kurze Zeit später von Coudray klassizistisch umgestaltet, ließ Großherzogin Sophie die erste Etage für ihn umbauen. Hier lebte Liszt die letzten anderthalb Jahrzehnte seines Lebens, komponierte, besuchte Musikfeste und unterrichtete kostenlos an drei Nachmittagen in der Woche. Nach Liszts Tod blieben die Räume auf Wunsch des Großherzogs unverändert, und nach dem Tod seiner Erben ging der Nachlass an die großherzogliche Familie über, die bereits 1887 ein Liszt-Museum hatte eröffnen lassen. Nach schweren Bombenschäden wurde das sanierte Haus, heute im Besitz der Klassik Stiftung Weimar, 1952 als authentisches Zeugnis wiedereröffnet. Neben der Dauerausstellung im Erdgeschoss mit Bildern, Briefen, Manuskripten und Kompositionen beeindruckt vor allem der Musiksalon in der ersten Etage. Hier steht der originale Flügel Liszts, ein Instrument der Firma Bechstein, das heute wieder für CD-Aufnahmen gespielt wird.

Musiksalon

[37] Bauhaus-Universität Weimar

Hauptgebäude

***Bauhaus.Atelier/Info Shop Café** (Geschwister-Scholl-Straße 6a) Apr.–Nov.: Mo 11–18 Uhr, Di–Fr 9.30–18 Uhr, Sa/So 13–18 Uhr; Dez.–März: Mo 11–17 Uhr, Di–Fr 10–17 Uhr, Sa/So 13–17 Uhr*
***Bauhaus-Spaziergang** Apr.–Okt.: Di, Fr, Sa 14 Uhr, Nov.–März: Fr/Sa 14 Uhr (ab Bauhaus.Atelier)*

Zum 1. April 1902 erhielt der belgische Designer, Maler und Architekt Henry van de Velde von Großherzog Wilhelm Ernst einen Vertrag, in dem dieser ihn mit einem Gehalt von 6000 Mark zum »Bevollmächtigten zur Hebung des Weimarischen Kunstgewerbes« machte. Daran gebunden waren keine speziellen Tätigkeiten oder Bedingungen. Van de Veldes Wunsch war es zunächst, eine Art kunstgewerbliches Laboratorium einzurichten, in dem er mit seinen Schülern Entwürfe für die weimarischen Handwerker erarbeiten wollte. Die Gewerbe sollten Töpferei, Weberei, Spielwaren, Eisen, Glas, Möbel und Bauernschnitzereien umfassen.

Harry Graf Kessler, Initiator der Berufung van de Veldes, notierte in seinem Tagebuch: »Wenn das Unternehmen in Weimar gelingt, so wird es in der deutschen Kultur, dessen bin ich ganz sicher, Epoche machen.« Er sollte recht behalten. 1904/06 ließ van de Velde ein Werkstatt- und Ateliergebäude für sein kunstgewerb-

liches Seminar (aus dem 1908 die Großherzogliche Kunstgewerbeschule hervorging) und für die 1905 gegründete Großherzogliche Bildhauerschule errichten (Geschwister-Scholl-Straße 7). Auf einem L-förmigen Grundriss steht ein eingeschossiger Jugendstilbau mit Mansarden, großen Atelierfenstern und einem hufeisenförmigen Giebel. Faszinierend im Inneren ist die Belichtung des Treppenhauses mit seiner breiten Wendeltreppe und drei rekonstruierten Wandgemälden von Oskar Schlemmer (1923). Seit den 1950er Jahren immer wieder Umbauten unterworfen, erstrahlt der »kleine« van de Velde-Bau seit 2010, denkmalgerecht nach den historischen Plänen saniert, in neuer Pracht. Als Sitz der Fakultät Kunst und Gestaltung gehört er heute zum Komplex der Bauhaus-Universität Weimar und wird seit 1996 als Teil des UNESCO-Weltkulturerbes Bauhaus geschützt.

Direkt gegenüber liegt das heute als Hauptgebäude der Bauhaus-Universität Weimar bezeichnete Domizil der bereits 1860 gegründeten Großherzoglichen Kunstschule Weimar (Geschwister-Scholl-Straße 8). Auch dessen Entwürfe stammen von Henry van de Velde. Der leicht und zweckmäßig erscheinende Baukörper mit seinen großzügigen Atelierfenstern und den bis zur Dachtraufe reichenden Pfeilern des hervorstehenden Mittelteils gehört zu den bedeutendsten Kunstschulbauten der Jahrhundertwende.

Während des Ersten Weltkrieges wurde die Kunstgewerbeschule 1915 geschlossen, 1917 verließ Henry van de Velde Deutschland. 1919 vereinte der zum Direktor berufene Berliner Architekt Walter Gropius die beiden verbliebenen Schulen (also die Bildhauerschule und die Kunstschule) zum Staatlichen Bauhaus zu Weimar. Damit brach die Anarchie in das stille philiströse Weimar ein – jugendbewegt, lebensreformerisch und antibürgerlich. Die Studenten des Bauhauses verachteten die Ehe als bürgerliche Institution, feierten wilde ausgelassene Feste und badeten gar nackt – kein Wunder, dass sich die erklärten Bauhaus-Gegner rasch zum Widerstand formierten. Kinder wurden von ihren Eltern gewarnt: »Wenn Du nicht folgst, kommst Du ins Bauhaus!«

Kaum hatte Gropius seinen Lehrbetrieb aufgenommen, wurde gegen ihn mobil gemacht: »Fremdstämmige Elemente« der »kommunistisch-spartakistischen Richtung« seien an die Hochschule berufen worden. Gropius dagegen wollte seine Hochschule als Schmelztiegel der Strömungen der Moderne verstanden wissen. Sein

Henry van de Velde
1863–1957, belgischer Architekt, Publizist, Designer und einer der bedeutendsten Künstler des Jugendstils. Van de Velde wurde in Antwerpen geboren, studierte dort Malerei und arbeitete zunächst in Paris. Bei der Konzeption des Essener Folkwang-Museums hatte er entscheidenden Anteil. Van de Velde lebte und arbeitete von 1902 bis 1917 in Weimar und verbrachte seinen Lebensabend in Belgien. Mit seinen revolutionären Gestaltungsideen, die die Linie zum alleinigen Ausdrucksträger der Objekte erhob, prägte er die moderne Kunst. Neben den Weimarer Bauten (dazu Palais Dürckheim, Cranachstraße 47) sollte man unbedingt die Villa Esche (1902/03, 1911) und die Villa Koerner in Chemnitz (1913/14) sowie das Ernst-Abbe-Denkmal in Jena besichtigen.

Links: Treppenhaus im Hauptgebäude der Bauhaus-Universität Weimar

Credo war: »Versuchen, probieren, entwerfen, wieder verwerfen.« Zu diesem Zwecke berief er Maler und Bildhauer als Meister, darunter Lyonel Feininger, Paul Klee, Gerhard Marcks, Oskar Schlemmer, Wassily Kandinsky und László Moholy-Nagy.

Als anarchistisch galt das Mitbestimmungsrecht, das Gropius seinen Schülern einräumte, zugleich beharrte er strikt auf vollständiger parteipolitischer Enthaltung. Dennoch, das Weimarer konservativ-spießbürgerliche Milieu sah den Gesamtorganismus der Kultur Thüringens gefährdet. 1925 kam Gropius einer drohenden Zwangsschließung durch die Selbstauflösung und Neugründung in Dessau zuvor. Nach mehreren Umbenennungen und Umstrukturierungen entstand 1996 die heutige Bauhaus-Universität Weimar.

Besonders interessierten Besuchern sei die Besichtigung des Musterhauses am Horn (Am Horn 61) und Henry van de Veldes 1908 von ihm entworfenes Wohnhaus Hohe Pappeln (Belvederer Allee 58) empfohlen.

Nietzsche-Archiv
Nur noch drei Jahre hatte der schwerkranke Philosoph Friedrich Nietzsche (1844–1900) zu leben, als seine Schwester Elisabeth Förster-Nietzsche 1897 mit ihm in Weimar das Haus Silberblick in der Humboldtstraße 36 bezog. Hier etablierte sie das Nietzsche-Archiv, dessen Umbau Henry van de Velde übernahm, der im Erdgeschoss einen Bibliotheks- und Vortragsraum von atemberaubender Schönheit schuf. Diesen Raum, der von Max Klingers Nietzsche-Standbild dominiert wird, kann man besichtigen und anhand einer kleinen Dokumentation die problematische Geschichte des Archivs erfahren (Apr.–Okt.: Di–So 11–17 Uhr).

[38] Historischer Friedhof

Der Historische Friedhof in Weimar ist eine der bedeutendsten Begräbnisstätten Europas und seit 1998 Bestandteil des Ensembles »Klassisches Weimar« im Weltkulturerbe der UNESCO.

Eine Friedhofskommission untersuchte sieben Jahre lang die Bodenbeschaffenheit vor den Toren Weimars, um einen angemessenen Standort für einen neuen Friedhof zu finden, da der Platz auf dem kleinen Jakobskirchhof bei weitem nicht mehr ausreichte. 1818 wurde der »Neue Friedhof vor dem Frauentore« eingeweiht. Sein Vorbild ist im 1787 angelegten »Neuen Begräbnisplatz« in Dessau zu suchen. Ein quadratischer Grundriss war in Weimar jedoch nicht möglich, hier wurde ein unregelmäßiges Viereck erbaut, das durch zwei sich kreuzende Wege in vier Grabfelder unterteilt wurde. Und im Gegensatz zu den Dessauer weißblühenden Akazien pflanzte man in Weimar Linden. Als vorläufigen südlichen Abschluss wurde 1824/25 im Auftrag Carl Augusts die Fürstengruft errichtet. Einen besonderen Akzent setzt die 1862 fertiggestellte Russisch-Orthodoxe Kapelle. Erst 1935 wurde das hinter der Fürstengruft gelegene Areal in den Friedhof einbezogen.

Auf dem Historischen Friedhof, also dem nördlichen Abschnitt des Friedhofes, wird schon lange nicht mehr bestattet. Parkähnlich, mit altem Baumbestand, lädt er zum Spazierengehen ein. Viele Grabsteine sind verwittert, mit Moos bewachsen und ihre Inschriften nicht mehr zu entziffern. Man findet hier die letzten Ruhestätten der Familien Goethe, Falk und Hummel, der Frau von Stein, Christoph Martin Wielands, Johann Peter Eckermanns und Johann Heinrich Meyers. Direkt hinter dem Haupteingang, auf der linken Seite, steht die 1921 erbaute neoromanische Gedächtnishalle für die Gefallenen des Ersten Weltkrieges. Südlich hinter der Russisch-Orthodoxen Kapelle findet man das Gräberfeld des Marie-Seebach-Stifts, eines Alterswohnsitzes für Künstler, sowie das Euphrosyne-Denkmal für die von Goethe über alles geschätzte und im Alter von 18 Jahren verstorbene Schauspielerin Christiane Becker-Neumann.

Ebenfalls auf dem Hauptfriedhof (Eingang Berkaer Straße) hat das 1922 von Walter Gropius geschaffene Mahnmal für die im März 1920 im Kampf gegen die Kapp-Putschisten Gefallenen Platz gefunden. Von den Nationalsozialisten 1936 zerstört, wurde das Mahnmal mit einer leichten Verdrehung der Achse 1946 wieder aufgestellt. Ehrengräber der Stadt Weimar sind die Ruhestätten des Verlegers Gustav Kiepenheuer, des Dichters Louis Fürnberg, des Goethe-Forschers Hans Wahl und des Kapellmeisters Hermann Abendroth.

Herzogtum Sachsen-Weimar-Eisenach

Mit der Leipziger Teilung des Hauses Wettin 1485 entstanden die ernestinischen Herzogtümer auf thüringischem Gebiet. Mit der Erfurter Teilung bildete sich 1572 das Herzogtum Sachsen-Weimar mit der Residenzstadt Weimar. 1741 fiel zudem das Herzogtum Sachsen-Eisenach an Weimar. Beide wurden 1809 verfassungsrechtlich zum Herzogtum Sachsen-Weimar-Eisenach vereinigt. Auf dem Wiener Kongress 1815 wurde Herzog Carl August zum Großherzog erhoben. Mit dem Thronverzicht des letzten Großherzogs Wilhelm Ernst im November 1918 endete die Geschichte des Hauses. Das Herzogtum ging 1920 im neugegründeten Land Thüringen auf. Landeshauptstadt blieb Weimar – bis zur Gründung der DDR-Bezirke Erfurt, Gera und Suhl im Jahre 1952. Bei der Neugründung als Freistaat Thüringen setzte sich Erfurt als neue Landeshauptstadt durch – eine Schmach für die jahrhundertealte Residenz- und Hauptstadt.

[39] Fürstengruft

Apr.–Okt.: Mi–Mo 10–18 Uhr;
Nov.–März: Mi–Mo 10–16 Uhr

Die von Clemens Wenzeslaus Coudray 1823/28 erbaute Fürstengruft ist ein Mausoleum, das auf einem quadratischen Grundriss mit einer oktogonalen, von halbkreisförmigen Thermenfenstern belichteten Kuppel bekrönt ist. Der Eintritt erfolgt durch einen viersäuligen Portikus mit einem mächtigen Dreiecksgiebel. »Etwas sehr einfaches, bloß ein dem Bedürfnis gewidmetes Totenmagazin zu errichten«, wünschte Carl August. Gleich nach der Fertigstellung erfolgte die Überführung der 26 Särge der fürstlichen Familie, die nach dem Schlossbrand 1774 gerettet werden konnten. Die Nachbarschaft von Ehepartnern stellte für Coudray kein Kriterium dar, wichtig war ihm die chronologische Folge.

Die erste Beisetzung in der neuen Fürstengruft war eine Umbettung: die der angeblichen Gebeine Friedrich Schillers am 16. Dezember 1827. Ihm folgten Carl August (1828) und Goethe (1832), deren Särge ebenfalls von Coudray stammen. Stimmen, die forderten, dem Dichter-Paar einen eigenen Marmortempel in unmittelbarer Nachbarschaft zu errichten, verstummten bald, die Fürstengruft wurde zu einer nationalen Pilgerstätte. Die letzte Angehörige des Hauses Sachsen-Weimar-Eisenach, die hier bestattet wurde, ist die Gattin des Großherzogs Wilhelm Ernst, Caroline, die 1904 starb.

[40] Russisch-Orthodoxe Kapelle

Geöffnet zu den Gottesdienstzeiten, Besichtigungen unter pr.mihail.rahr@arcor.de

Als Maria Pawlowna 1859 starb, war die Frage ihrer Grablege keine einfache. Als Mitglied der russischen Zarenfamilie musste sie in russischer Erde liegen, als Regentin des Hauses Sachsen-Weimar-Eisenach verlangte das Protokoll ihre Bestattung in Weimar. Zudem war sie in ihrer überwiegend protestantischen Umgebung dem russisch-orthodoxen Glauben treu geblieben. Großherzog Carl Alexander beauftragte den Oberbaudirektor Streichhan mit der Errichtung einer

Maria Pawlowna 1786–1859, Enkelin Katharina der Großen, Tochter des Zaren Paul I., Schwester des Zaren Alexander I., Großherzogin von Sachsen-Weimar-Eisenach. Am Hof in St. Petersburg aufgewachsen und sorgfältig erzogen, heiratete sie 1804, fürstlich ausgestattet, den Erbprinzen Carl Friedrich in Weimar. Ihr Einzug wurde wochenlang aufs Prächtigste gefeiert. Maria Pawlowna war ihrem Schwiegervater Carl August eine kluge Beraterin und begleitete ihn 1815 zum Wiener Kongress. Sie gebar vier Kinder, darunter den späteren Großherzog Carl Alexander. Als großzügige und kunstsinnige Mäzenatin läutete sie mit der Berufung Hummels und Liszts das »silberne Zeitalter« Weimars ein, widmete sich gleichzeitig sozialen Belangen und richtete das Weimarer Sparkassenwesen ein.

Russisch-Orthodoxen Kapelle, für die eigens mehrere Wagenladungen russischer Erde aus St. Petersburg nach Weimar herbeigeschafft wurden. Im byzantisierenden Stil mit Rundbögen und einer vergoldeten Zwiebelkuppel sowie vier seitlichen kleineren Kuppeln bot die Kapelle etwa 30 Personen Platz. Maria Pawlowna hatte jedoch auch verfügt, in möglichster Nähe zu ihrem 1853 verstorbenen Gatten Carl Friedrich zur Ruhe gebettet zu werden. Eine Lösung für dieses Problem wurde gefunden, indem man einen unterirdischen Gang von der Kapelle zur Fürstengruft grub. Ein Durchbruch der Grundmauern ermöglichte die Platzierung der Gatten nebeneinander. 1862 wurde die Kapelle der Hl. Maria Magdalena geweiht. Sie wird bis heute von der Russisch-Orthodoxen Kirche in Weimar genutzt.

[41] Wielandplatz

Christoph Martin Wieland, Shakespeare-Übersetzer, Verfasser des »Agathon«, der »Abderiten« und des »Oberon« sowie Herausgeber des »Teutschen Merkur«, wird in Weimar viel zu selten gewürdigt. Dass ihm ein Denkmal geschaffen wurde, grenzt an ein Wunder. Ehren wollte man auch nicht ihn, sondern den 100. Geburtstag von Großherzog Carl August 1857. Und als man am Ende des Ersten Weltkrieges daran ging, bronzene Denkmäler einzuschmelzen, dachte man nicht daran, etwa das Goethe-Schiller-Denkmal oder das Herder-Denkmal einzuschmelzen. Nein, das wohl einzige Bronzestandbild in Weimar, auf das man verzichten zu können meinte, war das von Wieland. Aber er steht immer noch hier, ohne obligates Käppchen, geschaffen von dem österreichischen Bildhauer Hanns Gasser. Wie eine Gedenktafel mitteilt, wohnte Wieland in dem später von Coudray klassizistisch überformten Haus Nr. 1, damals noch am Platz vor dem Frauentor, also außerhalb der Stadtmauer. Das Bronzestandbild stellt Wieland in seinem 50. Lebensjahr dar, in der Hand hält er ein Exemplar seines wohl wichtigsten Werkes, des »Oberon«. Vor dem Denkmal plätschert seit 1995 wieder der Wieland-Brunnen mit dem Löwenkopf. Gegenüber prangt einer der wenigen reinen Jugendstilbauten Weimars, das 1905 errichtete Hansahaus, das wegen seiner schieren Größe zu heftigen Protesten der Weimarer Bevölkerung geführt hatte.

Christoph Martin Wieland
1733–1813, Dichter, Übersetzer und Herausgeber. Ohne Wieland hätte es in Weimar keine Klassik gegeben. Seit 1769 an der Erfurter Universität lehrend, berief ihn Herzogin Anna Amalia 1772 als Erzieher für ihre Söhne. Als Aufklärer reizte ihn die Aussicht, über Bildung und Erziehung Einfluss auf den zukünftigen Herrscher nehmen zu können. Seine Anwesenheit in Weimar zog auch andere bedeutende Geister an, Musäus, Bertuch und Knebel. Ihm blieb Zeit genug, sich der Herausgabe des »Teutschen Merkur« zu widmen. Nach dem Amtsantritt Carl Augusts konnte er sich ganz der Literatur hingeben, lebte einige Jahre in Oßmannstedt und hielt sich aus allen Händeln in der Stadt heraus.

[42] Schloss Belvedere

Schloss *Apr.–Okt.: Di–So 11–17 Uhr,*
Orangerie *in den Wintermonaten Fr–So 11–16 Uhr*

Etwa sieben Kilometer südlich vom Stadtzentrum entfernt liegt das »Sanssouci von Weimar«, Schloss Belvedere. Herzog Ernst August ließ es sich 1724–1732 als Lust- und Jagdschloss errichten. Das barocke Palais mit den beiden Seitenflügeln, den vier Kavaliershäusern und der Orangerie entstand nach Plänen Gottfried Heinrich Krohnes. Die bedeutendste Umgestaltung erfolgte während der Regierungszeit Carl Augusts, der hier gemeinsam mit Goethe naturwissenschaftliche Studien betrieb. 1820 entstand ein Botanischer Garten mit fast 8000 in- und ausländischen Pflanzen; der einst barocke Schlosspark wurde in einen englischen Park umgestaltet. Sein heutiges Aussehen erhielt die Anlage unter Maria Pawlowna, die nach dem Tod ihres Gatten Carl Friedrich hier ihren Witwensitz einrichtete. Als beliebte Sommerresidenz der herzoglichen Familie diente es bis 1921. Im Schloss Belvedere ist ein kleines Museum für Kunsthandwerk etabliert. Ausgestellt sind Porzellan und Fayencen aus Europa und Ostasien sowie Möbel des 18. Jahrhunderts. Die überwiegende Zahl der Gebäude wird heute von der Hochschule für Musik »Franz Liszt« und dem Musikgymnasium Schloss Belvedere genutzt.

[43] Schloss Tiefurt

Apr.–Okt.: Di–So 11–17 Uhr (Hauptstraße 14)

Der Musensitz Anna Amalias in den Sommermonaten ist kein wirkliches Schloss, sondern ein Landhaus, das die Herzogin 1776 für ihren zweiten Sohn, den Erbprinzen Constantin, bestimmte, ab 1781 jedoch für sich umbauen ließ. Dabei stand ihr der Leipziger Maler Adam Friedrich Oeser zur Seite. Anna Amalia wollte zurück zur Natur und machte Tiefurt mit den in Weimar ansässigen Dichtern und Künstlern zu einem geselligen Ort. Aus einer Laune heraus entwickelte sich hier die Idee des »Tiefurter Journals«, einer über drei Jahre hinweg fortgesetzten, handgeschriebenen literarischen Zeitschrift, und auf der Wald- und Wasserbühne spielten Akteure des herzoglichen Liebhabertheaters. Hier erklang zum ersten Mal die Ballade vom »Erlkönig«. Anna Amalias Italienreise (1788/90), die zu den glücklichsten Erfahrungen ihres Lebens zählte, brachte Veränderungen mit sich. Kunstgegenstände, Bildnisse und Musikinstrumente zierten nun die Räume. Nach der Plünderung Tiefurts durch napoleonische Soldaten geriet das Schloss in Vergessenheit. Erst der letzte Großherzog Wilhelm Ernst ließ einen Erinnerungsort für Anna Amalia herrichten. Seitdem oftmals saniert, entspricht sein heutiger Zustand dem der Zeit der kunstliebenden Herzogin.

*»**Nackt unter Wölfen**« ist ein Roman von Bruno Apitz (1900–1979), der, 1958 erschienen, in der Zeit von Februar bis April 1945 im KZ Buchenwald spielt. Nachdem ein polnischer Häftling ein Kind in einem Koffer ins Lager geschmuggelt hat, beschließt das Internationale Lagerkomitee, das Kind wieder aus dem Lager zu bringen, um die Arbeit der Widerstandsbewegung nicht zu gefährden. Zwei Häftlinge jedoch verstecken das Kind weiterhin und retten es unter Lebensgefahr vor dem Tod. Das weltberühmte Buch, das die Erfahrungen des Autors als Buchenwald-Häftling verarbeitet und mit dem Motiv des versteckten Kindes einen authentischen Fall aufgreift, wurde dreimal verfilmt.*

[44] Gedenkstätte Buchenwald

Besucherinformation *Apr.–Okt.: Di–So 9–18.20 Uhr; Nov.–März: Di–So 9–16.20 Uhr*
Museen *Apr.–Okt.: Di–So 10–18 Uhr; Nov.–März: Di–So 10–16 Uhr*
Außenanlagen *tägl. bis Einbruch der Dunkelheit*

Keiner kommt daran vorbei, die erschreckende Nachbarschaft des stillen beschaulichen Weimar und der Stätte des Grauens, des KZs Buchenwald, zu registrieren. Hier das Musenstädtchen, dort Willkür und Massenmord. Man konnte es von Weimar aus sehen, aber niemand wollte davon gewusst haben.

Im Sommer 1937 begannen auf Befehl des Thüringer Gauleiters Fritz Sauckel Häftlinge verschiedener KZs mit der Rodung eines Waldgrundstücks auf dem Ettersberg, nur einen Hügel vom Musenhof Anna Amalias, Schloss Ettersburg, entfernt. Goethe war hier gern mit Eckermann gewandelt, deshalb beharrten die literaturbeflissenen Machthaber darauf, einen anderen Namen zu finden: Buchenwald. Ein Lager entstand mit hölzernen Baracken, Versorgungseinrichtungen, einem Appellplatz für die bis zu 72 Stunden dauernden Appelle, Häftlingsbordell, Krematorium und dem berüchtigten »Kleinen Lager«, umgeben von Stacheldrahtzäunen und einem System von Wachtürmen. Südlich davon befanden sich die Kasernen für die SS-Totenkopfverbände und Wachmannschaften, Verwaltungsgebäude, ein Kasino, ein Wildgehege zur Erholung der SS-Leute und die Villa des Lagerkommandanten. Da das Lager am Nordhang des Ettersberges lag, war die Situation für die Häftlinge besonders erbarmungslos: wenig Sonne, viel Regen und kalte Winde.

Buchenwald war kein Vernichtungslager (wie etwa das KZ Auschwitz), es war das Zentrum eines Komplexes mit insgesamt 139 Arbeitslagern im gesamten mitteldeutschen Raum. Allein im Lager Buchenwald bei Weimar waren zwischen 1937 und 1945 etwa 280 000 Menschen aus 40 Ländern inhaftiert, die zum Arbeiten für die deutsche Rüstungsindustrie gezwungen wurden – Juden, politische Gegner, Sinti und Roma, Kriegsgefangene, Bibelforscher, Zeugen Jehovas, Homosexuelle. Die Zahl der Menschen, die das grausame System der »Vernichtung durch Arbeit« nicht überlebten, wird auf 56 000 geschätzt. Noch zu Beginn 1945, kurz vor der Befreiung durch Truppen der US-Armee am 11. April, ermordete die SS Tausende Häftlinge, etwa 28 000 wurden auf einen der gefürchteten Todesmärsche geschickt. Nach der Flucht der SS übernahmen die Häftlinge das Lager, etwa 21 000 erlebten die Ankunft der amerikanischen Truppen.

Auf einen alten römischen Rechtsgrundsatz geht die perfide Inschrift am Lagertor zurück: »Jedem das

Kopfladerampe der 1943 eröffneten Bahnstrecke Weimar–Buchenwald

Auch heute noch steht auf dem Gelände des KZs der mit Beton ausgegossene Stumpf einer Eiche. Goethe soll gern unter dem Baum gesessen haben, deshalb wurde die »Goethe-Eiche« bei der Rodung des Areals von der SS bewusst stehen gelassen. Es hieß, wenn die Eiche fällt, falle auch das Deutsche Reich. Nach einem Bombenangriff 1944 brannte die Eiche ab, nur der verrußte Stamm blieb stehen. Aus einem Holzstück schnitzte der Häftling Bruno Apitz, Autor des Romans »Nackt unter Wölfen«, die Maske »Das letzte Gesicht«, die heute im Besitz des Deutschen Historischen Museums in Berlin ist.

Unten: Lagertor von innen
Rechts: Denkmal von Fritz Cremer mit Glockenturm

Seine«, von innen angebracht und in roten Buchstaben auf weißem Grund für die Häftlinge immer gut sichtbar.

Nach 1945 nutzte die Sowjetische Militäradministration in Deutschland (SMAD) die Anlagen als Speziallager Nr. 2 zur Inhaftierung ehemaliger NSDAP-Mitglieder und anderer missliebiger Personen. Bis zur Auflösung des Lagers starben noch einmal über 7000 Menschen.

Seit 1952 wurden große Teile des einstigen Konzentrationslagers abgerissen. 1958 errichtete die DDR auf den Massengräbern am Südhang ein Mahnmal mit Glockenturm. Nach dem Vorbild der »Bürger von Calais« von Auguste Rodin schuf der Bildhauer Fritz Cremer eine überlebensgroße Figurengruppe zum Gedenken an die Widerstandskämpfer. Mit Schwerpunkt auf den antifaschistischen Kampf der Kommunisten wurde die »Nationale Mahn- und Gedenkstätte Buchenwald« zur größten deutschen KZ-Gedenkstätte ausgebaut. Seit 1990 erarbeitete eine Historikerkommission ein neues Konzept für die Gedenkstätte Buchenwald, die im Oktober 1999 eröffnet wurde. Heute besichtigt man nicht nur den grauenhaften Ort mit seinen Relikten; in verschiedenen Ausstellungen werden die Geschichte des KZs und all seiner Opfer, des Speziallagers Nr. 2 und der Denkmalsanlage historisch aufgearbeitet und mit künstlerischen Arbeiten in Beziehung gesetzt.

MCMXLV

Weimar. Ein Stadtführer
Herausgegeben von Mark Lehmstedt

Text: Steffi Böttger
Lektorat: Kristina Schulze/Lehmstedt Verlag
Karte: OpenStreetMap-Mitwirkende, geodressing.de
Fotos: Günter Müller, außer: Hajo Dietz/Nürnberg Luftbild (U2), Hotel Elephant (S. 5), Klassik Stiftung Weimar (Roland Dreßler S. 33; Jens Hauspurg S. 8, 9, 10, 12, 15, 17, 19, 64, 70; Olaf Mokansky S. 55, 56; Candy Welz S. 49 u.), Maximilian Sydow/Grand Hotel Russischer Hof (S. 24), SchiDD/CC BY-SA (S. 27), bloomimages GmbH (S. 31 u.), Maros/CC BY-SA 3.0 (S. 48), Most Curious/CC BY-SA 3.0 (S. 51), Gibleho/Adobe Stock (S. 53), travelview/Adobe Stock (S. 54), Monika Wirth/Alamy Stock Foto (S. 59), Evang.-Luth. Kirchengemeinde Weimar/Constantin Beyer (S. 80)
Gestaltung: Mareike Bardenhagen/Lehmstedt Verlag
Druck: druckhaus köthen GmbH & Co. KG, Köthen (Anhalt)

Umschlag:
1: Stadtschloss
2: Goethe-und-Schiller-Denkmal
3: Luftbild des Stadtzentrums
4: Russisch-Orthodoxe Kapelle
5: Sächsisches Wappen am Stadtschloss
S. 80: Wappen an der Fürstenloge in der Stadtkirche

1. Auflage, 2018
ISBN 978-3-95797-068-8